目 录

项目一　数字万用表

任务工单一　数字万用表面板的认知

姓名		班级		组号		日期		成绩	

实训目的	①认识数字万用表面板符号和功能量程旋钮开关； ②初步了解功能量程旋钮开关和测试插孔的位置和含义
注意事项	①未经许可,严禁用表笔接触插座等带电物体,保证人员安全； ②禁止随便转动万用表功能量程旋钮开关和旋钮,保证设备无损
实训器材	数字万用表
信息获取	①万用表的型号(　　　　　　　　　　)(2分) ②该万用表面板结构 (　　　　　　　　　　　)(6分)

操作要点与步骤

项目及配分	功能量程旋钮开关的符号	功能旋钮开关的位置	完成情况
1.显示屏(8分)			□是 □否
2.电源开关(8分)			□是 □否
3.数据保持开关(8分)			□是 □否
4.功能量程旋钮开关 (选择与量程开关)(8分)			□是 □否
5.黑表笔插孔(8分)			□是 □否
6.红表笔插孔(8分) (测电压和电阻)			□是 □否
7.红表笔插孔(8分) (测大电流)			□是 □否
8.红表笔插孔(8分) (测小电流)			□是 □否
9.三极管测试插孔(8分)			□是 □否
10.温度测试插孔(8分)			□是 □否
11. 仪表复位,现场 6S 整理(12分)	按 6S 现场管理要求复位,说明 6S 现场管理具体内容:		□是 □否
实训总结:			

任务工单二　数字万用表功能量程旋钮开关的认知

姓名		班级		组号		日期		成绩	

实训目的	①认识数字万用表的功能量程旋钮开关,掌握各符号的含义; ②熟悉各功能量程旋钮开关的位置,掌握其使用方法
注意事项	①未经许可,严禁用表笔接触插座等带电物体,保证人员安全; ②禁止随便转动万用表开关和旋钮,保证设备无损
实训器材	数字万用表
信息获取	①万用表的型号( )(2分) ②该万用表功能旋钮开关有( )挡位(2分)

操作要点与步骤

项目及配分	功能量程旋钮开关的符号及挡位数	完成情况
1.直流电压测量(直流电压挡)(7分)		□是 □否
2.交流电压测量(交流电压挡)(7分)		□是 □否
3.电阻测量(电阻挡)(7分)		□是 □否
4.二极管 PN 结电压测量(二极管挡)(7分)		□是 □否
5.电路的通断测量(蜂鸣挡)(7分)		□是 □否
6.直流电流测量(直流电流挡)(7分)		□是 □否
7.交流电流测量(交流电流挡)(7分)		□是 □否
8.温度测量(7分)		□是 □否
9.晶体管测量(晶体管挡)(7分)		□是 □否
10.占空比(%)测量(7分)		□是 □否
11.汽车点火闭合角测量(°)(7分)		□是 □否
12.汽车发动机转速测量(r/min)(7分)		□是 □否
13.仪表复位,现场 6S 整理(12分)	按 6S 现场管理要求复位,说明 6S 现场管理具体内容:	□是 □否

实训总结:

任务工单三　导线通断的检测

姓名		班级		组号		日期		成绩	

实训目的	掌握万用表检测导线的方法,并判断通断
注意事项	①未经许可,严禁用表笔接触插座等带电物体,保证人员安全; ②禁止随便转动万用表功能量程旋钮开关,保证设备无损; ③测量过程中禁止用手接触金属部位(只能接绝缘部分); ④测量过程中不能旋转功能量程旋钮开关,稳定后读取数据
实训器材	每组数字万用表1块、状态不同导线2根
信息获取	①汽车线路导线分为(　　　　)导线与(　　　　)导线两种。(4分) ②导线的作用是(　　　　),进行导电而构成回路,(　　　　),(　　　　)。文字符号为(　　　　),图形符号为(　　　　)。(10分) ③用数字万用表判断导线的通断选(　　　　)挡位,判断标准:有蜂鸣声则导线是(　　　　),无蜂鸣声则导线是(　　　　)(6分)

操作要点与步骤

项目及配分	操作要点及规范	完成情况	结果说明
一、选择工具(5分)	型号:(　　　　)	□是 □否	
二、检测工具			
(1)直观检查(10分)	打开电源开关,观察显示屏上有无电池符号,是否正常显示数值	□是 □否	交流电压700挡时显示屏读数(　　　),(　　　)电池符号,电池电量(　　　)
(2)选择挡位(10分)	将功能量程旋钮开关调至(　　　)挡	□是 □否	显示屏读数(　　　)
(3)插入表笔(10分)	红表笔插入(　　　)插孔,黑表笔插入(　　　)插孔	□是 □否	蜂鸣器(　　　),显示屏读数(　　　),由此判断万用表(　　　)
(4)检查蜂鸣器是否鸣响(10分)	将红、黑表笔(　　　),通过蜂鸣器是否鸣响,判断万用表状态	□是 □否	
三、检测导线通断(30分)	用红、黑表笔分别接在(　　　)两端测量一次	□是 □否	导线1:蜂鸣器(　　　),读数为(　　　),说明导线1是(　　　)。 导线2:蜂鸣器(　　　),读数为(　　　),说明导线2是(　　　)

项目及配分	操作要点及规范
四、仪表复位,现场 6S 管理 (5 分)	关闭电源开关,拔掉表笔线,将功能量程旋钮开关调至 V ~ 700,整理器材,打扫卫生
实训总结:	

任务工单四　熔断器通断的检测

姓名		班级		组号		日期		成绩	

实训目的	掌握万用表检测熔断器的方法,并判断其通断
注意事项	①未经许可,严禁用表笔接触插座等带电物体,保证人员安全; ②禁止随便转动万用表功能量程旋钮开关,保证设备无损; ③测量过程中禁止用手接触金属部位(只能接触绝缘部分); ④测量过程中不能旋转选择与量程开关,稳定后读取数据
实训器材	每组数字万用表1块、状态不同的熔断器2个
信息获取	①熔断器的作用(　　　　　　　)。文字符号(　　　　　),图形符号(　　　　　　　)。(10分) ②数字万用表判断熔断器的通断选(　　　)挡位,好坏标准:有蜂鸣声则熔断器是(　　　),无蜂鸣声则熔断器是(　　　)。(6分)

操作要点与步骤

项目及配分	操作要点及规范	完成情况	结果说明
一、选择工具(5分)	型号:(　　　　　　)	□是 □否	
二、检测工具			
(1)直观检查(10分)	打开数字万用表的电源开关,观察显示屏上有无电池符号,是否正常显示数值	□是 □否	交流电压700挡时显示屏读数(　　　),(　　　)电池符号,电池电量(　　　)
(2)选择挡位(10分)	将功能量程旋钮开关调至(　　　)挡	□是 □否	显示屏读数(　　　)
(3)插入表笔(10分)	红表笔插入(　　　)插孔,黑表笔插入(　　　)插孔	□是 □否	蜂鸣器(　　　),显示屏读数(　　　),由此判断万用表(　　　)
(4)检查蜂鸣器是否鸣响(10分)	将红、黑表笔(　　　),通过蜂鸣器是否鸣响,判断万用表状态	□是 □否	

项目及配分	操作要点及规范	完成情况	结果说明
三、检测熔断器通断(35分)	用红、黑表笔分别接在(　　　　)两端测量一次	□是 □否	熔断器1:蜂鸣器(　　　　),读数为(　　　　),说明熔断器1是(　　　　)。 熔断器2:蜂鸣器(　　　　),读数为(　　　　),说明熔断器2是(　　　　)
四、仪表复位,现场6S整理(4分)	关闭电源开关,拔掉表笔线,将功能量程旋钮开关调至 V～700,整理器材,打扫卫生		
实训总结:			

任务工单五 单挡开关的检测

姓名		班级		组号		日期		成绩	

实训目的	掌握万用表检测单挡开关的方法,并判断开关是否正常
注意事项	①未经许可,严禁用表笔接触插座等带电物体,保证人员安全; ②禁止随便转动万用表功能量程旋钮开关,保证设备无损; ③测量过程中禁止用手接触金属部位(只能接触绝缘部分); ④测量过程中不能旋转功能量程旋钮开关,稳定后读取数据
实训器材	每组数字万用表1块、单挡开关1个
信息获取	①开关的作用( )。文字符号( ),图形符号( )。 (6分) ②数字万用表判断开关的通断选( )挡位,单挡开关好的标准:测量两次( )。单挡开关损坏的标准:测量两次( )。(6分) ③某开关按下测量有蜂鸣声,读数为0.001,两开关引脚( );拔起测量无蜂鸣声,读数为"1",两开关引脚( );由此判断开关( )。(6分)

操作要点与步骤

项目及配分	操作要点及规范	完成情况	结果说明
一、选择工具(5分)	型号:( )	□是 □否	
二、检测工具			
(1)直观检查(10分)	打开数字万用表的电源开关,观察显示屏上有无电池符号,是否正常显示数值	□是 □否	交流电压700挡时显示屏读数( ),( )电池符号,电池电量( )
(2)选择挡位(10分)	将功能量程旋钮开关调至( )挡	□是 □否	显示屏读数( )
(3)插入表笔(10分)	红表笔插入( )插孔,黑表笔插入( )插孔	□是 □否	蜂鸣器( ),显示屏读数( ),由此判断万用表( )
(4)检查蜂鸣器是否鸣响(10分)	将红、黑表笔( ),通过蜂鸣器是否鸣响,判断万用表状态	□是 □否	

项目及配分	操作要点及规范	完成情况	结果说明
三、检测单挡开关			
(1)开关按钮按下,测量单挡开关两引脚一次(16分)	手握位置正确,将红、黑表笔分别接在(　　)两个引脚,(　　)后读数,填入下表 开关位置 / 有无蜂鸣声 / 读数 / 判断引脚通断 开关按下	□是 □否	从数据判断该单挡开关(　　　)
(2)开关按钮拔起,测量单挡开关两引脚一次(16分)	手握位置正确,将红、黑表笔分别接在(　　)两个引脚,(　　)后读数,填入下表 开关位置 / 有无蜂鸣声 / 读数 / 判断引脚通断 开关按下	□是 □否	
四、仪表复位,现场6S整理(5分)	关闭电源开关,拔掉表笔线,将功能量程旋钮开关调至V～700,整理器材,打扫卫生		
实训总结:			

任务工单六　电池电压的测量

姓名		班级		组号		日期		成绩	

实训目的	掌握万用表测量电池电压的方法
注意事项	①未经许可,严禁用表笔接触插座等带电物体,保证人员安全; ②禁止随便转动万用表功能量程旋钮开关,保证设备无损; ③测量过程中禁止用手接触金属部位(只能接触绝缘部分); ④测量时要正确选择量程,注意"＋""－"极性; ⑤测量过程中不能旋转功能量程旋钮开关,稳定后读取数据
实训器材	每组数字万用表 1 块、12V 蓄电池 1 个、1.5V 干电池 1 个、9V 干电池 1 个
信息获取	①直流电压的特点是(　　　　　　　　);万用表测量 12V 蓄电池选(　　　)挡位;9V 干电池(　　　)挡位;1.5V 干电池(　　　)挡位。(8 分) ②判别蓄电池正、负极柱:一般(　　　)色为正极或标注(　　　)符号,(　　　)色为负极或标注(　　　)符号。(8 分) ③干电池和蓄电池统称(　　　)电压(DC)。(2 分) ④测量电池电压:(　　　)接电池正极,(　　　)接负极。表笔接反,显示屏显示(　　　)(6 分)

操作要点与步骤

项目及配分	操作要点及规范	完成情况	结果说明
一、选择工具(5 分)	型号:(　　　　　)	□是 □否	
二、检测工具			
(1)直观检查(5 分)	打开数字万用表的电源开关,观察显示屏上有无电池符号,是否正常显示数值	□是 □否	交流电压 700 挡时显示屏读数(　　　),(　　　)电池符号,电池电量(　　　)
(2)选择挡位(5 分)	将功能量程旋钮开关调至(　　　)挡	□是 □否	显示屏读数(　　　)
(3)插入表笔(6 分)	红表笔插入(　　　)插孔,黑表笔插入(　　　)插孔	□是 □否	蜂鸣器(　　　),显示屏读数(　　　),由此判断万用表(　　　)
(4)检查蜂鸣器是否鸣响(5 分)	将红、黑表笔(　　　),通过蜂鸣器是否鸣响,判断万用表状态	□是 □否	

続上表

项目及配分	操作要点及规范	完成情况	结果说明
三、测量蓄电池电压			
(1)重新选择挡位(5分)	将功能量程旋钮开关调至(　　　)挡	□是 □否	电压(　　　)
(2)测量蓄电池并读数(10分)	红表笔接蓄电池(　　)极,黑表笔接蓄电池(　　)极。显示屏上的数字(　　)后再读数,填入结果	□是 □否	
四、测量1.5V干电池电压			
(1)重新选择挡位(5分)	将功能量程旋钮开关调至(　　　)挡	□是 □否	电压(　　　)
(2)测量干电池并读数(10分)	红表笔接电池(　　)极,黑表笔接电池(　　)极。显示屏上的数字(　　)后再读数,填入结果	□是 □否	
五、测量9V干电池电压			
(1)重新选择挡位(5分)	将功能量程旋钮开关调至(　　　)挡	□是 □否	电压(　　　)
(2)测量干电池并读数(10分)	红表笔接电池(　　)极,黑表笔接电池(　　)极。显示屏上的数字(　　)后再读数,填入结果	□是 □否	
六、仪表复位,现场6S整理(5分)	关闭电源开关,拔掉表笔线,将功能量程旋钮开关调至V～700,整理器材,打扫卫生		
实训总结:			

任务工单七　插座电压的测量

姓名		班级		组号		日期		成绩	

实训目的	掌握万用表测量插座电压的方法
注意事项	①测量时要正确选择量程； ②测量时禁止随便转动万用表功能量程旋钮开关，保证设备无损； ③测量过程中禁止用手接触表笔的金属部分，要格外注意避免触电，还要防止短路和表笔脱落； ④测量过程中不能旋转功能量程旋钮开关，稳定后读取数据
实训器材	每组数字万用表1块、插座1个
信息获取	①交流电压的特点是(　　　　　　　　　　　　)。(5分) ②插座电压的种类有(　　　　)、(　　　　)和(　　　　)3种。(6分) ③万用表测量照明电选(　　　　)挡位。(2分) ④如果无法估计被测电压范围，将功能量程旋钮开关置于(　　　　)量程并逐渐下调至合适量程，以测量数据达到量程(　　　　)最佳(4分)

操作要点与步骤

项目及配分	操作要点及规范	完成情况	结果说明
一、选择工具(5分)	型号：(　　　　　)	□是 □否	
二、检测工具			
(1)直观检查(10分)	打开数字万用表的电源开关，观察显示屏上有无电池符号，是否正常显示数值	□是 □否	交流电压700挡时显示屏读数(　　　)，(　　　)电池符号，电池电量(　　　)
(2)选择挡位(10分)	将功能量程旋钮开关调至(　　　)挡	□是 □否	显示屏读数(　　　)
(3)插入表笔(10分)	红表笔插入(　　　)插孔，黑表笔插入(　　　)插孔	□是 □否	蜂鸣器(　　　　)，显示屏读数(　　　)，由此判断万用表(　　　)
(4)检查蜂鸣器是否鸣响(10分)	将红、黑表笔(　　　)，通过蜂鸣器是否鸣响，判断万用表状态	□是 □否	

项目及配分	操作要点及规范	完成情况	结果说明
三、测量插座电压			
（1）重新选择挡位（10分）	将功能量程旋钮开关调至（　　　　）挡	□是 □否	电压（　　　　　）
（2）测量插座电压并读数（20分）	将红、黑表笔分别接于插座（　　　）线和（　　　）线进行测量。显示屏上的数字稳定后再读数,填入结果	□是 □否	
四、仪表复位,现场6S整理（8分）	关闭电源开关,拔掉表笔线,将功能量程旋钮开关调至蜂鸣挡,整理器材,打扫卫生		
实训总结:			

测试一 导线、熔断器、单挡开关、电池和插座电压检测(笔试部分)

班级 _____ 姓名 _____ 成绩 _____

1. 写出数字万用表功能符号的含义:每空 2 分,共 100 分。

符　号	功　能　说　明	符　号	功　能　说　明
V ⎓		POWER	
V ~		h_{FE}	
Ω		⊸▷⊢	
A ⎓		(((⸱	
A ~		NPN/PNP	
COM		VΩ	
mA		20A	
HOLD		TEMP	
F		C_X	
V $\approx$		A $\approx$	

2. 实训室进行"6S"现场管理,"6S"分别是指(　　　　)、(　　　　)、(　　　　)、(　　　　)、(　　　　)与(　　　　)。

3. 在每次使用万用表测量结束后,应将功能量程旋钮开关置于仪表(　　　　)或(　　　　),并关掉(　　　　)。

4. 判别蓄电池正、负极柱:一般(　　　　)为正极,(　　　　)为负极或正极处标有"(　　　　)",负极处标有"(　　　　)"。

5. 在使用万用表测量的过程中,禁止旋转(　　　　　　　　　　)开关。

6. 数字万用表测量直流电压时,注意(　　　　)极性,防止接错。

7. 熔断器的作用是(　　　　　　　　),文字符号为(　　　　),图形符号为(　　　　)。

8. 开关的作用是(　　　　　　　　),文字符号为(　　　　),图形符号为(　　　　)。

9. 导线的作用是(　　　　　　　　),文字符号为(　　　　),图形符号为(　　　　)。

10. 数字万用表检测导线和熔断器通断标准是(　　　　　　　　　　)。

11. 直流电压特点是(　　　　　　　　　　　)。

12. 测量导线、单挡开关和熔断器选(　　　　)挡,测量蓄电池电压选(　　　　)挡,测量插座电压选(　　　　)挡。

13. 电池的文字符号是(　　　　)。

测试一 导线、熔断器、单挡开关、电池和插座电压检测(操作部分)

班级 _____ 姓名 _____ 成绩 _____

项 目	考试内容	评分标准	配分	得分
一、选择工具:型号( )			2	
二、检测工具				
(1)直观检查	显示屏上( )电池符号,电池的电量( ),交流电压700挡时显示屏读数( )	表笔插错扣10分,挡位选错扣5分,操作不正确扣5分,判断结果不正确扣5分	5	
(2)选择挡位	挡位选择按钮指( )挡,显示屏读数( )		5	
(3)插入表笔	红表笔插入( )插孔,黑表笔插入( )插孔		5	
(4)检查蜂鸣器是否鸣响	将红、黑表笔( ),蜂鸣器( ),读数为( ),判断工具( )		10	
三、检测导线(或熔断器)通断				
(1)重新选择( )挡位		挡位选错扣5分,操作不正确扣5分,判断导线或熔断器通断不正确扣5分	5	
(2)测量、读数并判断好坏	用红、黑表笔分别接在( )两端测量一次。蜂鸣器( ),读数( ),说明导线或熔断器是( )		10	
四、测量电池电压				
(1)重新选择( )挡位		挡位选错扣5分,操作不正确扣5分,读数不正确扣5分	5	
(2)测量并读数	红表笔接电池( )极,黑表笔接电池( )极,测量数据与单位( )		10	
五、测量交流电压				
(1)重新选择( )挡位		挡位选错扣5分,操作不正确扣5分,读数不正确扣5分	5	
(2)测量并读数	将红、黑表笔分别接于插座( )进行测量,测量数据与单位( )		10	

项　目	考 试 内 容	评 分 标 准	配分	得分
六、检测单挡开关状态				
（1）重新选择（　　　）挡位		挡位选错扣 5 分，操作不正确扣 2 分，读数不正确扣 2 分，判断结果不正确扣 5 分	5	
（2）测量与读数并判断开关状态	手握位置正确,将红、黑表笔分别接在（　　）两个引脚,按表格的顺序测 2 次,（　　　）后读数 | 开关位置	有无蜂鸣声	读数	判断引脚通断 | |---|---|---|---| | | | | | 从数据判断该单挡开关（　　　）		13	
七、仪表复位,6S 整理		操作完后不进行设备复位扣 5 分	5	
八、时间限制:超时 1 分钟扣 1 分,超时 8 分钟扣 5 分			5	
合计			100	

项目二 汽车直流电路

任务工单八 单线制简单车灯电路的连接与测量

姓名		班级		组号		日期		成绩	

实训目的	①能检测蓄电池、熔断器、开关、导线、灯是否正常; ②能根据电路图连接实物电路,并且满足功能要求,即开关S闭合,灯HL亮,开关S断开;灯HL灭; ③能够对照电路图测量电路中电位、电压和电流,并能对电路进行简单分析
注意事项	①拆装电路时不能带电操作; ②掌握拆装汽车蓄电池正负极的正确顺序;先拆负极,后拆正极,先装正极,后装负极; ③注意挡位和红表笔插孔选择正确; ④测量直流电压和电流时注意极性
实训器材	每组实训电路板1块(或熔断器1个、开关1个、车灯1个)、数字万用表1块、螺丝刀1把、蓄电池1块、导线3根。
信息获取	①电路由( )、( )和( )三个基本部分组成。(3分) ②测量导线、开关、熔断器和蓄电池电压时,红表笔插入( )插孔,黑表笔插入( )插孔。测量导线、开关和熔断器选( )挡。(3分) ③测量蓄电池电压选择( )挡位,红表笔接电池( )极,黑表笔接电池( )极。(3分) ④拆装汽车蓄电池正负极的正确顺序:先拆( ),后拆( ),先装( ),后装( )。(4分) ⑤电路中测量1A的直流电流选( )挡位,红表笔插入( ),黑表笔插入( )。(3分) ⑥电路中直流电位、电压的测量选( )挡位,红表笔插入( ),黑表笔插入( )。(3分)
实训电路	 1:入 FU 2:出　3:入 S 4:出 E 5:入 ⊗ HL 6:出 7　　　　　　　　7

操作要点与步骤

一、实训元件检测(20分)

(1)选择工具	型号( )

(2)检测工具

①直观检查	打开数字万用表的电源开关,观察显示屏上( )电池符号,交流电压700挡时显示屏读数( ),电池电量( )
②选择挡位	将功能量程旋钮开关调至( )挡,显示屏读数( )
③插入表笔	红表笔插入( )插孔,黑表笔插入( )插孔
④检查蜂鸣器是否鸣响	将红、黑表笔( ),蜂鸣器( ),显示屏读数( ),由此判断万用表( )

(3)检测导线、熔断器、开关、灯、蓄电池

元件	文字符号	测量挡位	测量数值	判断元件是否正常
①导线1				
②导线2				
③导线3				
④熔断器				
⑤单挡开关			按下	
			拔起	
⑥灯				
⑦蓄电池				

二、线路连接与检验(20分)

操作要点及规范		完成情况	结果说明
(1)连接		□是 □否	
(2)连接		□是 □否	
(3)连接		□是 □否	
(4)检查连线:对照电路图,仔细检查实物电路,确保连线准确无误,导线摆放整齐		□是 □否	
(5)连接蓄电池	连接	□是 □否	
	连接	□是 □否	
(6)线路连接检验: ①开关S断开,观察灯HL工作情况		□是 □否	灯HL( )
②开关S闭合,观察灯HL工作情况开关		□是 □否	灯HL( )

实训总结:

操作要点及规范	完成情况	结果说明

三、电路测量(20 分)

（1）测量方法

在开关 S 断开和接通状态下,对电路进行电位、灯两端电压和电流测量
　①直流电位测量方法:数字万用表选择直流电压挡"20V",黑表笔(负极)接于蓄电池负极(即 7 点),红表笔(正极)分别接于测量点 1 点、2 点、3 点、4 点、5 点与 6 点电位,开关 S 按下和拔起测量各点电位共 12 次,稳定后读数并填表;
　②灯两端电压测量方法:数字万用表选择直流电压挡"20V",黑表笔(负极)接于灯输出端(即 6 点),红表笔(正极)接于灯输入端(即 5 点),开关 S 按下和拔起测量 2 次,稳定后读数填表;
　③直流电流测量方法:数字万用表选择直流电流挡"20A",断开 2 点与 3 点连线,红表笔接于熔断器的 2 点,黑表笔接于开关 S 的 3 点即可测出电流 I,开关 S 按下和拔起测量 2 次,稳定后读数并填表

（2）测量并记录数据,填入下表

测量内容	测量点	S 状态	
		按下:断开	拔起:接通
电位/V: 　挡位选择(　　　),红表笔插入(　　　),黑表笔插入(　　　)。测量时,(　　　)(负极)接于蓄电池负极(即 7 点),(　　　)分别接于 1 点、2 点、3 点、4 点、5 点与 6 点	熔断器 FU 进:1		
	熔断器 FU 出:2		
	开关 S 进:3		
	开关 S 出:4		
	灯 HL 进:5		
	灯 HL 出:6		
灯端电压/V: 　挡位选择(　　　),红表笔插入(　　　),黑表笔插入(　　　)。测量时,(　　　)接于灯 5 点,(　　　)接于灯 6 点	灯端电压 U_{HL}		
电流/A: 　挡位选择(　　　),红表笔插入(　　　),黑表笔插入(　　　)。测量时(　　　)接于熔断器的 2 点,(　　　)接于开关 S 的 3 点	I		
工作状态	灯 HL		

四、线路拆卸:电路和仪表复位,现场 6S 整理(6 分)

（1）拆卸蓄电池顺序为(　　　　　　　　　　　　　　　　);
（2）拆卸(　　　　　　　　　　　　　　　　　　　　　);
（3）整理(　　　　　　　　　　　　　　　　　　)

五、电路分析(15 分)

(1)状态 1:开关 S 断开,灯 HL(　　　　),电路(　　　　),(　　　　)电流流动即 I =(　　　)。电路中 1 点、2 点和 3 点电位(　　　),大小等于(　　　),电路中 4 点、5 点和 6 点电位(　　　),大小等于(　　　)

(2)状态 2:开关 S 接通,灯 HL(　　　　),电路(　　　　),(　　　　)电流,电流流动方向:
(　　　　　　　　　　　)。电路中电位从 1 点到 6 点变化规律(　　　　　　　　　　　)

实训总结:

测试二　单线制简单车灯电路的连接

班级 _____　姓名 _____　成绩 _____

根据电路图连接实物电路,并且满足电路功能要求,填写表格。				FU　　S 　E　⊗ HL				

项目	操作要点及规范				配分	评分标准	得分
一、实训元件检测	元件	测量挡位	测量数值	判断元件好坏	25	万用表表笔插错扣5分,挡位选错扣5分,元件找错扣5分,不能正确测量、读数和判断扣5分	
	(1)导线						
	(2)熔断器						
	(3)单挡开关		按下				
			拔起				
	(4)灯						
	(5)蓄电池						
二、连接电路	(1)连接(　　)输入端				10	接线错误一次扣5分,接电源前没有检查电路连线扣5分	
	(2)连接(　　)输出端到(　　)输入线				10		
	(3)连接(　　)输出端到(　　)输入线				10		
	(4)(　　)连接到蓄电池(　　)极,(　　)连接蓄电池(　　)极				10		
三、电路连接检验	(1)开关 S 断开,观察灯 HL 工作情况:灯 HL(　　)				10	电路工作不正常扣20分。不能正确判断扣5分	
	(2)开关 S 闭合,观察灯 HL 工作情况:灯 HL(　　)				10		
四、拆卸电路	安全文明操作:6S 拆蓄电池连线和其他连线,整理好导线和工具;万用表复位				10	拆线错误扣5分,不复位扣5分	
五、时间限制	5分钟,超时1分钟扣1分,超时5分钟全扣完				5		
合计					100		

项目三　电路基本元件

任务工单九　电阻的检测

姓名		班级		组号		日期		成绩	

实训目的	掌握万用表测量电阻的方法,并能准确读出数值和判断其是否正常
注意事项	①未经许可,严禁用表笔接触插座等带电物体,保证人员安全; ②禁止随便转动万用表功能量程旋钮开关,保证设备无损; ③测量过程中禁止用手接触金属部位(只能接触绝缘部分); ④测量前要对万用表进行检测,电阻测量前万用表要校零; ⑤测量过程中不能旋转功能量程旋钮开关,稳定后读数据
实训器材	每组数字万用表 1 块、3 种不同阻值电阻
信息获取	①导体对电流阻碍作用叫作( ),其主要作用是( )、( )、( )、( )、( )过滤(与电容器配合),匹配和信号幅度调节等。(6分) ②电阻的文字符号( ),图形符号( )。(3分) ③在国际单位制中,电阻的单位是( ),简称( ),通常用希腊字母( )表示。电阻单位换算关系:1MΩ=( )kΩ=( )Ω。(5分) ④测量电阻时,当显示屏显示"1"时,说明挡位量程选取( ),需( )量程挡位;当显示屏显示 000 时,说明挡位量程选取( ),需( )量程挡位。(4分) ⑤电阻是否正常的标准:测量值和电阻所标数值(色标、直标等)进行对比。如果误差( ),则电阻正常。如果误差较大则说明电阻( ),不能使用。测量数据始终显示"1",说明电阻( );测量数据始终显示"0",说明电阻( )(4分)

操作要点与步骤

项目及配分	操作要点及规范	完成情况	结果说明
一、选择工具(5分)	型号:( )	□是 □否	
二、检测工具			
(1)直观检查(5分)	打开数字万用表的电源开关,观察显示屏上有无电池符号,是否正常显示数值	□是 □否	交流电压700挡时显示屏读数( ),( )电池符号,电池电量( )
(2)选择挡位(5分)	将功能量程旋钮开关调至( )挡	□是 □否	显示屏读数( )

项目及配分	操作要点及规范	完成情况	结果说明
(3)插入表笔(5分)	红表笔插入( )插孔, 黑表笔插入( )插孔	□是 □否	蜂鸣器( ),显示屏 读数( )。由此判断万 用表( )
(4)检查蜂鸣器是否鸣响(5分)	将红、黑表笔( ),通过蜂鸣器是否鸣响,判断万用表状态	□是 □否	

三、检测电阻

(1)重新选择挡位(5分)	将功能量程旋钮开关调至( )挡。	挡位	读数	挡位	读数
		20		200K	
(2)万用表校零(10分)	两表笔( ),稳定后读取数据,填入右边的结果说明	200		2M	
		2K		20M	
		20K		200M	

(3)测量电阻并读数(5分)	手握位置正确,将红、黑表笔分别接在( )的两端。测量时,当显示器显示1时,需重新选择( )的量程挡位;当显示0时,需重新选择( )的量程挡位。 当显示屏上出现3到4位有效数字,且( )后再读数,禁止用手接触( )部分	名称	挡位	测量读数	色环读数	是否正常
		电阻1				
(4)判断电阻是否正常(28分)	测量值和电阻所标数值(色标、直标等)进行对比误差较小则正常	电阻2				
		电阻3				

| 四、仪表复位,现场6S整理(5分) | 关闭电源开关,拔掉表笔线,将功能量程旋钮开关调至V～700,整理器材,打扫卫生 | | | | | |

实训总结:

电阻综合练习

姓名_____ 班级_____ 组号_____ 日期_____

万用表有 20、200、2K、20K、200K、2M、20M、200M 共 8 个测量电阻挡位。

一、根据电阻挡位确定电阻读数与单位(40 分)

(1)用 200K 挡测得电阻值为 95.5,其读数与单位为_____；

(2)用 200 挡测得电阻值为 115.5,其读数与单位为_____；

(3)用 20M 挡测得电阻值为 14.50,其读数与单位为_____；

(4)用 20 挡测得电阻值为 15.9,其读数与单位为_____；

(5)用 20K 挡测得电阻值为 16.9,其读数与单位为_____；

(6)用 2K 挡测得电阻值为 1.85,其读数与单位为_____；

(7)用 2M 挡测得电阻值为 1.67,其读数与单位为_____；

(8)用 200M 挡测得电阻值为 115.9,其读数与单位为_____。

二、根据电阻数值选择数字万用表电阻挡挡位(40 分)

(1)测量 6.8Ω 的电阻时应选_____挡；测量 68Ω 的电阻时应选_____挡；

(2)测量 680Ω 的电阻时应选_____挡；测量 6800Ω 的电阻时应选_____挡；

(3)测量 68000Ω 的电阻时应选_____挡；测量 1.55MΩ 的电阻时应选_____挡；

(4)测量 15.56MΩ 的电阻时应选_____挡；测量 127.8MΩ 的电阻应选_____挡；

(5)测量 15.56kΩ 的电阻时应选_____挡；测量 127.8kΩ 的电阻应选_____挡；

(6)测量 1.5kΩ 的电阻时应选_____挡；测量 38.8MΩ 的电阻应选_____挡。

三、画出电阻、电位器、光敏电阻、热敏电阻和压敏电阻的文字符号与图形符号。(20 分)

任务工单十　电解电容的检测

姓名		班级		组号		日期		成绩	

实训目的	①能够采用直标法识别新、旧电解电容,判别其容量、耐压性和极性; ②掌握数字万用表检测电解电容的容量的方法,并能判断其是否正常
注意事项	①未经许可,严禁用表笔接触插座等带电物体,保证人员安全; ②禁止随便转动万用表功能量程旋钮开关,保证设备无损; ③测量过程中禁止用手接触金属部位(只能接触绝缘部分); ④测量前要对万用表进行检测,电容测量前要先放电; ⑤测量过程中不能旋转功能量程旋钮开关,稳定后读数据
实训器材	每组数字万用表1块、2个不同容量的新电解电容、旧电解电容1个
信息获取	①电容器简称(　　　),顾名思义是"装电的容器",是一种容纳(　　　)的器件。(2分) ②电容的基本单位是(　　　),常用的电容单位有毫法(mF)、微法(μF)、(　　　)和 (　　　)。(3分) ③电容的文字符号(　　　),电解电容图形符号(　　　)。(2分) ④电容器在(　　)、(　　)、(　　)、(　　)、(　　)等电路中起着重要的 作用。(5分) ⑤测量电容时,当显示屏显示"1"时,说明挡位量程选取(　　　),需(　　　)量程挡位。 (2分) ⑥电解电容容量是否正常:根据测量数据和电容容量对比,(　　　)为正常(容量误差不超过 20%);反之为不正常。(1分)

操作要点与步骤

项目及配分	操作要点及规范	完成情况	结果说明
一、选择工具(5分)	型号:(　　　)	□是 □否	
二、检测工具			
(1)直观检查(5分)	打开数字万用表的电源开关,观察显示屏上有无电池符号,是否正常显示数值	□是 □否	交流电压700挡时显示屏读数(　　　),(　　)电池符号,电池电量(　　)
(2)选择挡位(10分)	将功能量程旋钮开关调至(　　)挡,按表调节对应挡位读取数据,填入下表		由此判断万用表(　　)

挡位	2n	20n	200n	2μ	200μ
读数					

续上表

项目及配分	操作要点及规范	完成情况	结果说明
三、检测电解电容:2个不同容量电容			
(1)重新选择挡位(10分)	电容1从最低挡开始,将选择与量程开关调至( )。电容2根据电容标称容量,将选择与量程开关调至( )	□是 □否	
(2)电容器放电(10分)	用导线将电容器的两只引脚( )至少5s	□是 □否	
(3)测量电解电容并读数(15分)	将电容器的两引脚直接插入( )插孔。测量时,当显示器显示"1"时,需重新选择( )的量程挡位;当显示"0"时,需重新选择( )的量程挡位。当显示屏上出现3到4位有效数字,且( )后再读数	□是 □否	
(4)判断电解电容容量是否正常(15分)	正常标准:测量数据和电容容量对比,误差较小为正常(容量误差不超过20%)	□是 □否	
四、仪表复位,现场6S整理(5分)	关闭电源开关,拔掉表笔线,将功能量程旋钮开关调至V～700,整理器材,打扫卫生		
五、电解电容容量的读取和极性的判别(10分)	旧电容:标称容量( ),耐压( )V,极性( )。 新电容:标称容量( ),耐压( )V,极性( )		

结果说明栏：

名称	电容1	电容2
标称容量		
挡位		
读数及单位		
判断电容是否正常		

实训总结:

任务工单十一　电源变压器的检测

姓名		班级		组号		日期		成绩	

实训目的	①掌握万用表测量变压器220V初级绕组直流电阻的方法，并判断其是否正常； ②掌握万用表测量变压器12V次级绕组直流电阻的方法，并判断其是否正常
注意事项	①未经许可，严禁用表笔接触插座等带电物体，保证人员安全； ②禁止随便转动万用表功能量程旋钮开关，保证设备无损； ③测量过程中禁止用手接触金属部位(只能接触绝缘部分)； ④测量前要对万用表进行检测，变压器测量前万用表要校零； ⑤测量过程中不能旋转功能量程旋钮开关，稳定后读数据
实训器材	每组数字万用表1块、电源变压器1个
信息获取	①线圈的电感表征了储存(　　　)能量的能力。电感有(　　　)、(　　　)、(　　　)、(　　　)等作用。(5分) ②电感的文字符号(　　　)，电感的单位是(　　　)，简称(　　　)，用(　　　)表示。(3分) ③变压器是一种将(　　　)变换成频率相同而电压不同的另一种(　　　)电压的静止装置。它是利用(　　　)原理工作的。变压器具有(　　　)、(　　　)、(　　　)和(　　　)的功能。(7分) ④变压器的文字符号为(　　　)，图形符号(　　　)。(3分) ⑤一般情况下，电源变压器(降压式)初级绕组的直流电阻多为(　　　)欧姆，次级直流电阻多为(　　　)欧姆。(2分)

操作要点与步骤

项目及配分	操作要点及规范	完成情况	结果说明
一、选择工具(5分)	型号:(　　　　)	□是 □否	
二、检测工具			
(1)直观检查(5分)	打开数字万用表的电源开关，观察显示屏上有无电池符号，是否正常显示数值	□是 □否	交流电压700挡时显示屏读数(　　　)，(　　　)电池符号，电池电量(　　　)
(2)选择挡位(5分)	将功能量程旋钮开关调至(　　　)挡	□是 □否	显示屏读数(　　　)
(3)插入表笔(5分)	红表笔插入(　　　)插孔，黑表笔插入(　　　)插孔	□是 □否	蜂鸣器(　　　)，显示屏读数(　　　)，由此判断万用表(　　　)
(4)检查蜂鸣器是否鸣响(5分)	将红、黑表笔(　　　)，通过蜂鸣器是否鸣响，判断万用表状态	□是 □否	

项目及配分	操作要点及规范	完成情况	结果说明
三、检测变压器 220V 初级绕组直流电阻			
(1)重新选择挡位 (5 分)	将功能量程旋钮开关调至（　　）挡	□是 □否	见下表
(2)万用表校零(5 分)	两表笔（　　），稳定后读取数据，填入右边的表格	□是 □否	见下表
(3)测量初级直流电阻并读取数据，判断其是否正常(15 分)	手握位置正确，将红、黑表笔分别接变压器（　　）两引脚，当显示屏上的数字（　　）后再读数，填入右边表格	□是 □否	见下表
四、检测变压器 12V 次级绕组直流电阻			
(1)重新选择挡位 (5 分)	将功能量程旋钮开关调至（　　）挡	□是 □否	见下表
(2)万用表校零(5 分)	两表笔（　　），稳定后读取数据，填入右边的表格	□是 □否	见下表
(3)测量次级直流电阻并读取数据，判断其是否正常(15 分)	手握位置正确，将红、黑表笔分别接变压器（　　）两引脚，当显示屏上的数字（　　）后再读数，填入右边表格	□是 □否	见下表
五、仪表复位，现场 6S 整理(5 分)	关闭电源开关，拔掉表笔线，将功能量程旋钮开关调至 V～700，整理器材，打扫卫生		
实训总结：			

结果说明栏（三）：

挡拉	校零读数	测量初级直流电阻读数	实际初级直流电阻读数

根据读数说明变压器初级绕组（　　）

结果说明栏（四）：

挡拉	校零读数	测量初级直流电阻读数	实际初级直流电阻读数

根据读数说明变压器次级绕组（　　）

任务工单十二　四脚继电器的检测

姓名		班级		组号		日期		成绩	

实训目的	①掌握万用表测量四脚继电器引脚的方法,并能正确读取数据,判断开关引脚、线圈引脚及继电器类型; ②掌握万用表测量四脚继电器线圈电阻的方法,判断继电器是否正常
注意事项	①未经许可,严禁用表笔接触插座等带电物体,保证人员安全; ②禁止随便转动万用表功能量程旋钮开关,保证设备无损; ③测量过程中禁止用手接触金属部位(只能接触绝缘部分); ④测量前要对万用表进行检测,万用表要校零; ⑤测量过程中不能旋转功能量程旋钮开关,稳定后读数据
实训器材	每组数字万用表1块、四脚继电器1个
信息获取	①继电器是利用(　　　)原理,汽车上广泛使用(　　　)继电器,多为(　　　)。(3分) ②继电器用来控制电路的(　　　)与(　　　),是一种利用(　　　)来控制(　　　)电路的(　　　)开关。继电器文字符号为(　　　)。(6分) ③汽车继电器一般由(　　　)、(　　　)、(　　　)、(　　　)、触点(活动触点、固定常开、常闭触点)、支架、外壳等组成的。(4分) ④汽车继电器常见的有三类:(　　　)继电器、(　　　)继电器和(　　　)继电器。(3分) ⑤(　　　)继电器:平时触点是断开的,线圈通电后,继电器动作后触点接通。(2分)

操作要点与步骤

项目及配分	操作要点及规范	完成情况	结果说明
一、选择工具(5分)	型号:(　　　　　)	□是 □否	
二、检测工具			
(1)直观检查(5分)	打开数字万用表的电源开关,观察显示屏上有无电池符号,是否正常显示数值	□是 □否	交流电压700挡时显示屏读数(　　　),(　　　)电池符号,电池电量(　　　)
(2)选择挡位(5分)	将功能量程旋钮开关调至(　　　)挡	□是 □否	显示屏读数(　　　)
(3)插入表笔(5分)	红表笔插入(　　　)插孔,黑表笔插入(　　　)插孔	□是 □否	蜂鸣器(　　　),显示屏读数(　　　),由此判断万用表(　　　)
(4)检查蜂鸣器是否鸣响(5分)	将红、黑表笔(　　　),通过蜂鸣器是否鸣响,判断万用表状态	□是 □否	

项目及配分	操作要点及规范	完成情况	结果说明

三、测量继电器引脚

选择( )挡,稳定后读取数据并确定开关引脚、线圈引脚及继电器类型,按下表顺序用红、黑表笔测量继电器各引脚,测量 6 次。(25 分)

测量顺序	85—86	85—30	85—87	30—87	30—86	87—86
测量现象						
测量读数						

根据测量数据判断继电器线圈引脚代号为( );开关引脚代号为( ),类型为( )触点;继电器属于( )型继电器

四、测量继电器线圈电阻

(1)重新选择挡位(5 分)	将功能量程旋钮开关调至( )挡
(2)万用表校零(5 分)	两表笔( ),稳定后读取数据,填入下面的表格

(3)测量继电器线圈电阻,判断继电器是否正常(17 分)

用红、黑表笔接继电器线圈脚代号( )和( )两端,稳定后读数填入表格。根据测量判断继电器( )

挡位	校零读数	测量线圈电阻读数	实际线圈电阻读数和单位

五、仪表复位,现场 6S 整理(5 分)	关闭电源开关,拔掉表笔线,将功能量程旋钮开关调至 V～700,整理器材,打扫卫生

实训总结:

任务工单十三　五脚继电器的检测

姓名		班级		组号		日期		成绩	

实训目的	①掌握万用表测量五脚继电器引脚的方法,并能正确读取数据,判断开关引脚、线圈引脚及继电器类型; ②掌握万用表测量五脚继电器线圈电阻的方法,判断继电器是否正常
注意事项	①未经许可,严禁用表笔接触插座等带电物体,保证人员安全; ②禁止随便转动万用表功能量程旋钮开关,保证设备无损; ③测量过程中禁止用手接触金属部位(只能接触绝缘部分); ④测量前要对万用表进行检测,万用表要校零; ⑤测量过程中不能旋转功能量程旋钮开关,稳定后读数据
实训器材	每组数字万用表1个、五脚继电器1个
信息获取	①(　　　　)继电器:平时触点是闭合的,线圈通电,继电器动作后触点断开(2分) ②(　　　　　　　)继电器:平时动断触点接通,动合触点断开,继电器线圈通电,动合、动断触点则变成与平时相反的状态(2分) ③标准型继电器内部电路引脚特点:开关脚(　　　　)、线圈脚(　　　　)(4分) ④汽车继电器检测方法(　　　)检测和(　　　)检测(2分) ⑤测量继电器常闭触点的两引脚,其阻值接近(　　　)且(　　　)蜂鸣声;常开触点的两引脚,其阻值应为(　　　)且(　　　)蜂鸣声,一般线圈电阻为(　　　)Ω(8分)

操作要点与步骤

项目及配分	操作要点及规范	完成情况	结果说明
一、选择工具(5分)	型号:(　　　　　)	□是 □否	
二、检测工具			
(1)直观检查(5分)	打开数字万用表的电源开关,观察显示屏上有无电池符号,是否正常显示数值	□是 □否	交流电压700挡时显示屏读数(　　　),(　　　)电池符号,电池电量(　　　)
(2)选择挡位(5分)	将功能量程旋钮开关调至(　　　)挡	□是 □否	显示屏读数(　　　)
(3)插入表笔(5分)	红表笔插入(　　　)插孔,黑表笔插入(　　　)插孔	□是 □否	蜂鸣器(　　　),显示屏读数(　　　),由此判断万用表(　　　)
(4)检查蜂鸣器是否鸣响(5分)	将红、黑表笔(　　　),通过蜂鸣器是否鸣响,判断万用表状态	□是 □否	

项目及配分	操作要点及规范

三、测量继电器引脚

选择( )挡,稳定后读取数据并确定开关引脚、线圈引脚及继电器类型,按表顺序用红、黑表笔测量继电器各引脚,测量 10 次(25 分)

顺序	85—86	85—30	85—87	85—87a	30—86	30—87	30—87a	87—86	87—87a	86—87a
测量现象										
测量读数										

根据测量数据判断继电器线圈引脚代号为( );开关引脚代号为( ),类型为( )触点和
( )触点;继电器属于( )型继电器

四、测量继电器线圈电阻

(1)重新选择挡位(5 分)	将功能量程旋钮开关调至( )挡
(2)万用表校零(5 分)	两表笔( ),稳定后读取数据,填入下边的表格

(3)测量继电器线圈电阻,判断继电器是否正常(17 分)	用红黑表笔接继电器线圈脚代号( )和( )两端,稳定后读数填入表格。根据测量判断继电器( )

	挡位	校零读数	测量线圈电阻读数	实际线圈电阻读数单位

五、仪表复位,现场 6S 整理(5 分)	关闭电源开关,拔掉表笔线,将功能量程旋钮开关调至 V～700,整理器材,打扫卫生

实训总结:

任务工单十四　单线制继电器控制车灯电路连接与测量

姓名		班级		组号		日期		成绩	

实训目的	①掌握万用表检测保险、开关、导线、灯、继电器和蓄电池是否正常的方法; ②能根据电路图连接实物电路,并且满足要求:开关S闭合,灯HL亮; ③掌握电路中电位的测量方法,并能对电路进行简单分析
注意事项	①拆装电路时不能带电操作; ②拆装汽车蓄电池正负极的正确顺序: 先拆负极,后拆正极,先装正极,后装负极; ③注意挡位和红表笔插孔选择; ④测量直流电压和电流时注意极性
实训器材	每组实训电路板1块(或熔断器1个、开关1个、车灯1个、四脚常开继电器1个)、数字万用表1块、螺丝刀1把、蓄电池1块、导线5根
信息获取	①测量导线、开关、熔断器、车灯、继电器和蓄电池电压时,红表笔插入(　　　　)插孔,黑表笔插入(　　　　)插孔。测量导线、开关和熔断器选(　　　　)挡(3分) ②测量蓄电池电压选择(　　　　)挡位,红表笔接电池(　　　　)极,黑表笔接电池(　　　　)极(3分) ③常开(动合)继电器:平时触点是(　　　　)的,线圈通电,继电器动作后触点(　　　　)(4分) ④拆装汽车蓄电池正负极的正确顺序:先拆(　　　　),后拆(　　　　);先装(　　　　),后装(　　　　)(4分) ⑤电路中直流电位的测量选(　　　　)挡位,红表笔插入(　　　　),黑表笔插入(　　　　)(3分)
实训电路	

操作要点与步骤

一、实训元件检测(25分)

(1)选择工具		型号(　　　　　　　)	
(2)检测工具			
①直观检查		打开数字万用表的电源开关,观察显示屏上(　　　　　)电池符号,交流电压700挡时 显示屏读数(　　　　　),电池电量(　　　　　)	

项目及配分	操作要点及规范
②选择挡位	将功能量程旋钮开关调至( )挡,显示屏读数( )
③插入表笔	红表笔插入( )插孔,黑表笔插入( )插孔
④检查蜂鸣器是否鸣响	将红、黑表笔( ),蜂鸣器( ),显示屏读数( ),由此判断万用表( )

(3)检测导线、熔断器、开关、继电器、灯、蓄电池

元件	文字符号	测量挡位	测量数值		判断元件是否正常
①导线1					
②导线2					
③导线3					
④导线4					
⑤导线5					
⑥熔断器					
⑦单挡开关			按下		
			拔起		
⑧四脚继电器			85－86		
			86－30		
			86－87		
			30－87		
⑨灯					
⑩蓄电池					

二、线路连接与检验(20分)

操作要点及规范	完成情况	结果说明
(1)连接( )进端	□是 □否	
(2)连接( )出端与( )	□是 □否	
(3)连接( )与( )输入端	□是 □否	
(4)连接( )输出端与( )输入端	□是 □否	
(5)连接( )输出端与( )	□是 □否	
(6)检查连线:对照电路图,仔细检查实物电路,确保连线准确无误,导线摆放整齐	□是 □否	

操作要点及规范		完成情况	结果说明
(7)连接蓄电池	( )连接蓄电池( )极	□是 □否	
	( )连接蓄电池( )极	□是 □否	
(8)开关S断开,观察继电器和灯HL工作情况		□是 □否	继电器( )声音,灯HL( )
(9)开关S闭合,观察继电器和灯HL工作情况		□是 □否	继电器( )声音,灯HL( )

实训总结:

三、电路测量(20分)

1. 测量方法

在开关S断开和接通状态下,对电路进行电位测量,并对测试数据进行记录与简单分析

电位测量方法:把数字万用表选择直流电压挡"20V",黑表笔插在COM孔,红表笔插在VΩ。测量时,黑表笔(负极)接于蓄电池负极(即12点),红表笔(正极)分别测量1点、2点、3点、4点、5点、6点、7点、8点、9点、10点、11点电位,万用表显示的电压就是测量点的电位。开关S按下和拔起测量各点电位共22次,并将测量数据记录填表

2. 测量并记录数据,填入下表

测量内容	测量点	S状态	
		按下:断开	拔起:接通
电位/V: 挡位选择( ),红表笔插入( ),黑表笔插入( )。测量时,( )(负极)接于蓄电池负极(即12点),( )分别接于1点、2点、3点、4点、5点、6点、7点、8点、9点、10点、11点	1:E(+)		
	2:FU进		
	3:FU出		
	4:S进		
	5:S出		
	6:J线圈脚85		
	7:J线圈脚86		
	8:J开关脚30		
	9:J开关脚87		
	10:HL进		
	11:HL出		
工作状态	灯HL		

四、线路拆卸:电路和仪表复位,现场6S整理(6分)

1. 拆卸蓄电池顺序为(   );

2. 拆卸(   );

3. 整理(   )

五、电路分析结论(12分)

1. 状态1:开关S断开,继电器线圈85、86中(   )电流流过,继电器开关30、87(   ),灯HL(   ),电路(   )。电路中1点、2点、3点、4点、8点电位(   ),大小等于(   ),电路中5点、6点、7点、9点、10点、11点电位(   ),大小等于(   )。

2. 状态2:开关S接通,继电器线圈85、86中(   )电流流过,继电器开关30、87(   ),灯HL(   ),电路(   )。电路中电位从1点、2点、3点、8点、9点、10点、11点变化规律(   )。电路中电位从1点、2点、3点、4点、5点、6点、7点变化规律(   )。电流流动方向:(   )

实训总结:

测试三 单线制继电器控制车灯电路的连接

班级 _____ 姓名 _____ 成绩 _____

根据电路图连接实物电路,并且满足电路功能要求,填写表格	

项目	操作要点及规范				配分	评分标准	得分
一、实训元件检测	元件	测量挡位	测量数值	判断元件是否正常	30	万用表表笔插错扣5分,挡位选错扣5分,元件找错扣5分,测量、读数和判断不正确扣5分	
	(1)导线						
	(2)熔断器						
	(3)单挡开关		按下				
			拔起				
	(4)继电器						
	(5)灯						
	(6)蓄电池						
二、连接电路	(1)连接( )输入端;				5	接线错误1次误扣5分,接电源前没有检查电路连线扣5分	
	(2)连接( )输出线与( )				6		
	(3)连接( )与( )输入端				6		
	(4)连接( )输出端与( )输入端				6		
	(5)连接( )输出端与( )				6		
	(6)( )连接蓄电池( )极,( )连接蓄电池( )极				6		
三、电路连接检验	(1)开关S断开,继电器( ),灯HL( )				10	电路工作不正常扣20分。判断不正确扣5分	
	(2)开关S闭合,继电器( ),灯HL( )				10		

项目	操作要点及规范	配分	评分标准	得分
四、拆卸电路	安全文明操作:"6S" 拆蓄电池连线和其他连线,整理好导线和工具,万用表复位。	10	蓄电池拆线错误扣5分,操作完成后不进行设备复位扣5分	
五、时间限制	5分钟,超时1分钟扣1分,超时5分钟扣5分。	5		
合计		100		

项目四　二　极　管

任务工单十五　二极管的检测

姓名		班级		组号		日期		成绩	

实训目的	①掌握数字万用表检测普通二极管,并判断其是否正常与极性的方法; ②掌握数字万用表检测发光二极管,并判断其是否正常与极性的方法
注意事项	①未经许可,严禁用表笔接触插座等带电物体,保证人员安全; ②禁止用手随便转动万用表功能量程旋钮开关,保证设备无损; ③测量过程中禁止用手接触金属部位(只能接触绝缘部分); ④测量前要对万用表进行检测; ⑤测量过程中不能旋转功能量程旋钮开关,稳定后读数据
实训器材	每组数字万用表1块、普通二极管和发光二极管各1个
信息获取	①半导体的导电特性为(　　　)、(　　　)和(　　　)(3分) ②二极管具有(　　　)性,即PN结加(　　　)导通,加(　　　)截止(3分) ③用万用表检测二极管时,若正反两次测量均显示"0",蜂鸣器都鸣响,说明二极管(　　　);若正反两次测量均显示溢出"1",说明二极管(　　　)(4分) ④正常情况下普通二极管正向测量时压降为(　　　),反向测量时为(　　　)。正常情况下发光二极管正向测量时(　　　)光,压降约为(　　　),反向测量时(　　　)光,为(　　　)(6分)

操作要点与步骤

项目及配分	操作要点及规范	完成情况	结果说明
一、选择工具(5分)	型号:(　　　)	□是 □否	
二、检测工具			
(1)直观检查(5分)	打开数字万用表的电源开关,观察显示屏上有无电池符号,是否正常显示数值	□是 □否	交流电压700挡时显示屏读数(　　　),(　　　)电池符号,电池电量(　　　)
(2)选择挡位(5分)	将功能量程旋钮开关调至(　　　)挡	□是 □否	显示屏读数(　　　)
(3)插入表笔(5分)	红表笔插入(　　　)插孔,黑表笔插入(　　　)插孔	□是 □否	蜂鸣器(　　　),显示屏读数(　　　),由此判断万用表(　　　)
(4)检查蜂鸣器是否鸣响(5分)	将红、黑表笔(　　　),通过蜂鸣器是否鸣响,判断万用表状态	□是 □否	

项目及配分	操作要点及规范
三、普通二极管检测	
（1）选择挡位（5分）	将功能量程旋钮调至（　　　　）挡

| （2）测量二极管，判断其是否正常和极性（22分） | 将万用表的红、黑表笔分别接在普通二极管的电极两端，对调红、黑表笔再测一次，稳定后读取数值 |

测量读数	类型	好坏判别	极性判别
	（　　　）电压		红表笔接二极管的（　　　）极，黑表笔接二极管的（　　　）极
	（　　　）电压		红表笔接二极管的（　　　）极，黑表笔接二极管的（　　　）极

四、发光二极管检测	
（1）选择挡位（5分）	将功能量程旋钮开关调至（　　　　）挡

| （2）测量发光二极管，判断其是否正常和极性（22分） | 将万用表的红、黑表笔分别接在发光二极管的电极两端，对调红、黑表笔再测一次，观察发光二极管是否发光，稳定后读取数值 |

测量读数	类型	判别是否正常	极性判别
	（　　　）电压		红表笔接二极管的（　　　）极，黑表笔接二极管的（　　　）极
	（　　　）电压		红表笔接二极管的（　　　）极，黑表笔接二极管的（　　　）极

| 五、仪表复位，现场6S整理（5分） | 关闭电源开关，拔掉表笔线，将功能量程旋钮开关调至 V～700，整理器材，打扫卫生 |

实训总结：

测试四 四脚继电器和二极管检测

班级 _____ 姓名 _____ 成绩 _____

项目	考试内容	评分标准	配分	得分
一、选择工具:型号( )			5	
二、检测工具				
1.直观检查	显示屏上( )电池符号,电池的电量( ),交流电压700挡时显示屏读数( )	表笔插错扣10分,挡位选错扣5分,操作不正确扣5分,判断不正确扣5分	5	
2.选择挡位	将功能量程旋钮开关调至( )挡,显示屏读数( )		5	
3.插入表笔	红表笔插入( )插孔,黑表笔插入( )插孔		5	
4.检查蜂鸣器是否发声	将红、黑表笔( ),蜂鸣器( ),读数为( ),判断工具( )		5	
三、检测四脚继电器引脚、类型,并判断其是否正常				
(1)重新选择( )挡位。测量继电器引脚,稳定后读取数据并确定开关引脚、线圈引脚及继电器类型 [表格如下] 根据测量数据判断继电器线圈引脚代号为( );开关引脚代号为( ),类型为( )触点;继电器属于( )型继电器	挡位选错扣5分,操作不正确扣2分,读数不正确扣2分,判断不正确扣5分	20	
(2)重新选择挡位,测量继电器线圈电阻,填入下表 [表格如下] 根据测量判断继电器是( )		15	

(1)中的测量表格：

测量顺序	85—86	85—30	85—87
测量现象			
测量读数			
测量顺序	30—87	30—86	87—86
测量现象			
测量读数			

(2)中的测量表格：

挡位	校零读数	测量线圈电阻读数	实际线圈电阻读数和单位

项目	考试内容	评分标准	配分	得分
四、检测二极管是否正常并判别极性				
重新选择（　　　）挡位		挡位选错扣5分，操作不正确扣2分，读数不正确扣2分，判断不正确扣5分	5	
手握位置正确,将红、黑表笔分别接在待测（　　）两个引脚,（　　）后读数。对调（　　）再测一次,稳定后记录显示屏上的数值			25	

测量读数	类型	判别是否正常	极性判别
（　　）电压			红表笔接二极管的（　　）极，黑表笔接二极管的（　　）极。
（　　）电压			红表笔接二极管的（　　）极，黑表笔接二极管的（　　）极。

项目	考试内容	评分标准	配分	得分
五、仪表复位,6S整理		操作完成后不进行设备复位扣5分	5	
六、时间限制:超时1分钟扣1分,超时8分钟扣5分			5	
合计			100	

任务工单十六　六管整流器的检测

姓名		班级		组号		日期		成绩	

实训目的	①掌握二极管的单向导电性; ②掌握万用表测量六管整流器的方法,能判断二极管的正负极及正负整流板
注意事项	①未经许可,严禁用表笔接触插座等带电物体,保证人员安全; ②禁止随便转动万用表功能量程旋钮开关,保证设备无损; ③测量过程中禁止用手接触金属部位(只能接触绝缘部分); ④测量前要对万用表进行检测; ⑤测量过程中不能旋转功能量程旋钮开关,稳定后读数据
实训器材	每组六管整流器1个、数字万用表1块
信息获取 (18分)	①画出整流二极管符号(　　　　　　　)。(2分) ②整流二极管的特性是(　　　　　　　)。(2分) ③整流二极管作用是(　　　　　　　)。(2分) ④汽车用整流二极管可分为(　　　)二极管和(　　　)二极管两种。(　　　)二极管的引出线为正极,外壳是负极;(　　　)二极管的引出线为负极,外壳是正极。(8分) ⑤二极管引出线为正极,外壳为负极的整流板为(　　　)整流板;二极管引出线为负极,外壳为正极的整流板为(　　　)整流板。(4分)

操作要点与步骤

(1)选择工具(5分)	型号(　　　　　　)

(2)检测工具(16分)

①直观检查	打开数字万用表的电源开关,观察显示屏上(　　　)电池符号,交流电压700挡时显示屏读数(　　　),电池电量(　　　)
②选择挡位	将功能量程旋钮开关调至(　　　)挡,显示屏读数(　　　)
③插入表笔	红表笔插入(　　　)插孔,黑表笔插入(　　　)插孔
④检查蜂鸣器是否鸣响	将红、黑表笔(　　　),蜂鸣器(　　　),显示屏读数(　　　),由此判断万用表(　　　)

(3)选择(　　　)挡,测量六管整流器:将万用表的红、黑表笔分别接在二极管的电极两端测量一次,对调红、黑表笔再测一次,共测量12次,稳定后记录数据并填写好下表

项目	上层整流板	下层整流板
整流管1判断二极管是否正常及类型 (16分)	读数1:(　　　),(　　　)表笔接正极,为(　　　)电压	读数1:(　　　),(　　　)表笔接正极,为(　　　)电压
	读数2:(　　　),(　　　)表笔接正极,为(　　　)电压。该二极管是(　　　)	读数2:(　　　),(　　　)表笔接正极,为(　　　)电压。该二极管是(　　　)
	引出线为二极管(　　　)极,外壳为二极管(　　　)极,该二极管为(　　　)管	引出线为二极管(　　　)极,外壳为二极管(　　　)极,该二极管为(　　　)管

项目	上层整流板	下层整流板
整流管2判断二极管是否正常及类型(16分)	读数1:( ),( )表笔接正极,为( )电压	读数1:( ),( )表笔接正极,为( )电压
	读数2:( ),( )表笔接正极,为( )电压。该二极管是( )	读数2:( ),( )表笔接正极,为( )电压。该二极管是( )
	引出线为二极管( )极,外壳为二极管( )极,该二极管为( )管	引出线为二极管( )极,外壳为二极管( )极,该二极管为( )管
整流管3判断二极管是否正常及类型(16分)	读数1:( ),( )表笔接正极,为( )电压	读数1:( ),( )表笔接正极,为( )电压
	读数2:( ),( )表笔接正极,为( )电压。该二极管是( )	读数2:( ),( )表笔接正极,为( )电压。该二极管是( )
	引出线为二极管( )极,外壳为二极管( )极,该二极管为( )管	引出线为二极管( )极,外壳为二极管( )极,该二极管为( )管
结论(8分)	上层整流板3个二极管为( )管,该整流板为( )板	下层整流板3个二极管为( )管,该整流板为( )板
(4)仪表复位,现场6S整理(5分)		
实训总结:		

项目五 三 极 管

任务工单十七   三极管的检测

姓名		班级		组号		日期		成绩	

实训目的	掌握万用表检测三极管的方法,能判断三极管的管型、引脚类型和是否正常
注意事项	①未经许可,严禁用表笔接触插座等带电物体,保证人员安全; ②禁止随便转动万用表功能量程旋钮开关,保证设备无损; ③测量过程中禁止用手接触金属部位(只能接触绝缘部分); ④测量前要对万用表进行检测; ⑤测量过程中不能旋转功能量程旋钮开关,稳定后读取数据
实训器材	每组:数字万用表1块、NPN和PNP两种类型三极管各1个
信息获取	①三极管全称应为( )三极管,也称( )三极管(2分) ②三极管的结构分三区( )、( )和( );两结( )和( );三极( )、( )和( )(8分) ③三极管从内部结构分为( )型和( )型管;文字符号( )(3分) ④三极管正常标准:测量6次,( )个正向电压,( )个反向电压(4分) ⑤根据用途不同,三极管可分为( )管和( )管(2分)

操作要点与步骤

项目及配分	操作要点及规范	完成情况	结果说明
一、选择工具(5分)	型号:( )	□是 □否	
二、检测工具			
(1)直观检查(5分)	打开数字万用表电源开关,观察显示屏上有无电池符号,是否正常显示数值	□是 □否	交流电压700挡时显示屏读数( ),( )电池符号,电池电量( )
(2)选择挡位(5分)	将功能量程旋钮开关调至( )挡	□是 □否	显示屏读数( )
(3)插入表笔(5分)	红表笔插入( )插孔,黑表笔插入( )插孔	□是 □否	蜂鸣器( ),显示屏读数( ),由此判断万用表( )
(4)检查蜂鸣器是否鸣响(5分)	将红、黑表笔( ),通过蜂鸣器是否鸣响判断万用表状态	□是 □否	

项目及配分	操作要点及规范
三、测量三极管正反向电压,确定基极 b 和晶体管类型(NPN、PNP),判断三极管是否正常	

项目及配分	操作要点及规范
(1)重新选择挡位 (5分)	将功能量程旋钮开关调至( )挡

(2)测量三极管正反电压,每个三极管按表中顺序正向测量和反向测量共6次(26分)

三极管	管脚	第1次测量值	电压类型	第2次测量值	电压类型	确定基极	确定管型
9014	1、2						
	2、3						
	1、3						
9015	1、2						
	2、3						
	1、3						

判断是否正常:

9014 是( );

9015 是( )

四、测量 h_{FE} ,确定三极管放大倍数 h_{FE} ,判定集电极和发射极

项目及配分	操作要点及规范
(1)重新选择挡位 (5分)	将功能量程旋钮开关调至( )挡

(2)测量三极管放大倍数(15分)

三极管	测量数据		确定集电极和发射极
9014	读数1		
	读数2		
9015	读数1		
	读数2		

9014 的 $h_{FE}=($);9015 的 $h_{FE}=($)

项目及配分	操作要点及规范
五、仪表复位,现场 6S 整理(5分)	关闭电源开关,拔掉表笔线,将功能量程旋钮开关调至 V～700,整理器材,打扫卫生

实训总结:

职业教育改革创新示范教材

Qiche Diangong Dianzi Jishu Jichu
汽车电工电子技术基础

蒋向群　康漫江　谭　莉　**主　编**
李小勇　戴新生　毛　丽　**副主编**
　　　　周　华　武志勇　**主　审**

人民交通出版社股份有限公司
北　京

内 容 提 要

本教材为职业教育改革创新示范教材。教材采用任务驱动的模式编写,全书共 6 个项目,主要内容包括数字万用表、汽车直流电路、电路基本元件、二极管、三极管、数字电路等。全书配套任务工单,单独装订成册,方便教学使用。

本教材可作为职业教育汽车维修专业教材,也可供汽车行业从业人员培训使用。

* 本教材配有教学课件,读者可以在人民交通出版社股份有限公司网站下载。

本教材为湖南省职业教育优质精品课程教材,"汽车电工电子技术基础"课程门户网址为 https://moocl.chanxing.com/course/207761632.html

图书在版编目(CIP)数据

汽车电工电子技术基础/蒋向群,康漫江,谭莉主编.—北京:
人民交通出版社股份有限公司,2020.8
ISBN 978-7-114-16669-3

Ⅰ.①汽… Ⅱ.①蒋… ②康… ③谭… Ⅲ.①汽车—电工技术—高等
职业教育—教材②汽车—电子技术—高等职业教育—教材
Ⅳ.①U463.6

中国版本图书馆 CIP 数据核字(2020)第 113630 号

职业教育改革创新示范教材

书 名:	汽车电工电子技术基础
著 作 者:	蒋向群 康漫江 谭 莉
责任编辑:	袁 方 杨 思
责任校对:	刘 芹
责任印制:	刘高彤
出版发行:	人民交通出版社股份有限公司
地 址:	(100011)北京市朝阳区安定门外外馆斜街 3 号
网 址:	http://www.ccpcl.com.cn
销售电话:	(010)59757973
总 经 销:	人民交通出版社股份有限公司发行部
经 销:	各地新华书店
印 刷:	北京印匠彩色印刷有限公司
开 本:	787×1092 1/16
印 张:	11.5
字 数:	266 千
版 次:	2020 年 8 月 第 1 版
印 次:	2020 年 9 月 第 2 次印刷
书 号:	ISBN 978-7-114-16669-3
定 价:	39.00 元

(有印刷、装订质量问题的图书由本公司负责调换)

前 言

"汽车电工电子技术基础"是一门面向汽车维修专业学生,主要介绍汽车电气、汽车电控等核心专业知识的基础课程。

编者在编写教材时,通过深入研究汽车电气维修项目,提出"以一线常见维修项目为基础,筛选出实训项目"的思路,体现了教学目标与汽车维修一线实践紧密结合的特点,为实现职业教育与行业零距离对接提供了宝贵经验。本教材编写遵循以"学生为主体、教师为主导、能力为主线"的指导思想,重点培养学生动手能力以及分析问题和解决问题的能力。通过具体操作流程,将专业理论知识与实际操作技能两方面内容紧密结合,按照学生认知规律设计,让每个学生根据个体特点确定如何学、如何做,充分发挥学生自主性,突显学生主体地位;理论教学为实习服务,突出项目任务与电工电子知识的联系,让学生在职业实践活动的基础上,掌握电工电子知识,增强理论教学内容与职业岗位能力的相关性,从而提高学生就业能力。

本教材为湖南省职业教育优质精品课程"汽车电工电子技术基础"的配套教材。全书共分6个项目,采取任务驱动的形式编写,内容涵盖项目描述、知识目标、技能目标、教学内容、课后思考题等,均按基础知识、原理和检测的顺序编排,融"教·学·做"为一体,构建以项目模块课程为主要特征、以行动导向为主要特点的"理实一体化"模式;着重介绍数字万用表的使用方法、汽车直流电路基本知识、电路基本元件知识、二极管、三极管、数字电路知识等任务点,并制作了配套的视频、动画及二维码嵌入书中。同时,对重要的任务点配备任务工单,确保"理实一体化"教学顺利完成。本书包括理论知识和任务工单两部分,两部分内容单独成册,构成一个整体。

本教材由常德汽车机电学校蒋向群、康漫江、谭莉担任主编,常德汽车机电学校李小勇、戴新生和湖南交通职业技术学院毛丽担任副主编,常德汽车机电学校周华、武志勇担任主审。常德汽车机电学校郭家骏、陈进军、王进新、曹力、朱建军、唐诗、胡敏、符小刚担任参编。

编写过程中,得到了常德汽车机电学校领导、同仁以及人民交通出版社股份有限公司的大力支持,在此谨致感谢!

编 者

2020 年 5 月

目 录

项目一　数字万用表

项目描述

本项目介绍了电工电子实训室安全操作规程和"6S"现场管理法,旨在让同学们初步建立安全意识,确保做到不伤害自己、不伤害他人和不被他人所伤害,达到安全操作的目的。

万用表是应用最广泛的电工、电子测量仪表之一,也是汽车维修人员常用的检测工具。掌握万用表的使用方法和技巧,是快速判断元器件好坏、检测电气设备线路(或电路)是否正常的基础。本项目以 DY2201A 型数字万用表为例,介绍了万用表面板符号和使用方法,并详细介绍了汽车电路常用导线、熔断器、开关、蓄电池的检测方法。

知识目标

(1)熟悉电工电子实训室安全操作规程和"6S"现场管理法;

(2)了解数字万用表的作用,认识数字万用表面板符号和功能旋钮,掌握数字万用表使用方法;

(3)理解导线、熔断器和开关的作用,掌握其符号和运用数字万用表检测的方法,并能正确判断元器件质量;

(4)了解干电池和蓄电池的特点,掌握数字万用表测量直流电压的方法;

(5)了解交流电压的特点,掌握数字万用表测量交流电压的方法。

技能目标

(1)能按照操作规程进行安全操作;

(2)能正确使用数字万用表的功能开关,正确选择量程;

(3)能用数字万用表检测导线、熔断器和开关,并正确判断其好坏;

(4)能用数字万用表测量直流电压和交流电压。

任务一　安全操作管理规定

一、汽车电工电子实训室安全操作规程

(1)实训期间,学生必须严格执行本专业的安全操作规程。

（2）认真学习实训内容,掌握电路和设备工作原理,明确实训目的,按实训工单和要求逐项逐步进行操作。不得私设实训内容,扩大实训范围(如乱拆元件、随意短接等)。

（3）实训操作前、后应先仔细清查实训器材是否齐全和完好,发现问题及时报告指导教师或实训室管理人员处理。

（4）爱惜实训器材。仪器设备使用完毕后,将面板上各旋钮、开关置于合适的位置,并关掉电源。严禁乱动与本实训无关的器材,严禁偷拿实训器材。

（5）连接电路时,要求先检查后通电,先断电后拆线。整个实训过程中要严谨认真、细心操作,分工合作,做好记录。严禁在不清楚正确操作程序前乱操作,如发生损坏仪器、设备等,应按价赔偿。

（6）牢固树立安全第一的思想,严格遵守实训安全操作规程。实训中若发生事故,必须立即切断电源,保护现场,及时报告老师,检查事故原因后妥善处理。严禁未正确选择好万用表量程去测量插座的电压,严禁带电接线、拆线,避免接触带电裸露金属部分,杜绝恶性事故发生。

（7）用万用表测量电压和电流时,禁止转动选择与量程开关。万用表使用完毕,应将选择与量程开关旋至交流电压最高挡位或空挡,并关闭电源开关。

（8）下课前,必须对所使用的仪器设备进行检查,如有问题,应及时报告管理员,并关闭电源,方能离开。

二、"6S"现场管理法

"6S 管理"由日本企业的"5S 管理"扩展而来,是现代工厂行之有效的现场管理理念和方法,其作用是:提高效率,保证质量,预防事故,使工作环境整洁有序,保证安全。

（一）"6S"的具体含义

整理(Seiri)、整顿(Seiton)、清扫(Seiso)、清洁(Seiketsu)、素养(Shitsuke)和安全(Safety)这 6 个词的第一个字母是"S",所以简称"6S"。

（1）整理(Seiri)——将工作场所的任何物品区分为有必要的和没有必要的,除了有必要的留下来,其他的都消除掉。

目的:腾出空间,空间活用,防止误用,塑造清爽的工作场所。

（2）整顿(Seiton)——把留下来的必要用的物品按规定位置摆放,并放置整齐加以标识。

目的:工作场所一目了然,消除寻找物品的时间,整整齐齐的工作环境可以消除过多的积压物品。

（3）清扫(Seiso)——将工作场所内看得见与看不见的地方清扫干净,保持工作场所干净、亮丽。

目的:稳定品质,减少工业伤害。

（4）清洁(Seiketsu)——将整理、整顿、清扫进行到底,并且制度化,经常保持环境处在美观的状态。

目的:创造明朗现场,维持上面3S成果。

（5）素养(Shitsuke)——每位成员养成良好的习惯,并遵守规则做事,培养积极主动的精神(也称习惯性)。

目的:培养有好习惯,遵守规则的员工,营造团结精神。

(6)安全(Safety)——重视全员安全教育,每时每刻都有安全第一观念,防患于未然。

目的:建立起安全生产的环境,所有的工作应建立在安全的前提下。

(二)推行"6S"现场管理法的目的

1. 改善和提高企业形象

整齐清洁的工作环境,不仅能激励企业员工的士气,还能增强顾客的满意度,从而吸引更多的顾客与企业进行合作。因此,良好的现场管理是吸引顾客、增强客户信心的最佳广告。此外,良好的企业形象一经传播,就使"6S"现场管理企业成为其他企业学习的对象。

2. 提高生产效率

优雅的工作环境、良好的工作气氛以及有素养的工作伙伴,都可以让员工心情舒畅,更有利于发挥员工的工作潜力。另外,物品的有序摆放减少了物料的搬运时间,工作效率自然能得到提升。

3. 保障员工安全生产

降低安全事故发生的可能性是很多企业特别是制造加工类企业一直寻求的重要目标之一。"6S"现场管理的实施,可以使工作场所显得宽敞明亮。地面上不随意摆放不应该摆放的物品,通道比较通畅,各项安全措施落到实处。另外,"6S"现场管理活动的长期实施,可以培养工作人员认真负责的工作态度,减少安全事故的发生。

4. 提升员工归属感

提升员工的归属感,使员工成为有较高素养的员工。在干净、整洁的环境中工作,员工的自尊心和成就感可以得到一定程度的满足。"6S"现场管理要求进行不断的改善,因而可以增强员工进行改善的意愿,使员工更愿意为"6S"现场管理付出爱心和耐心,进而培养"工厂就是家"的感情。

5. 降低生产成本

工厂中各种不良现象的存在,在人力、场所、时间、士气、效率等多方面给企业造成了很大的浪费。"6S"现场管理可以明显减少人员、时间和场所的浪费,降低产品的生产成本,其直接结果就是为企业增加利润。

6. 保障品质

产品品质保障的基础,在于做任何事情都有认真的态度,杜绝马虎的工作态度。实施"6S"现场管理,可以消除工厂中的不良现象,防止工作人员马虎行事,使产品品质得到可靠的保障。

任务二 DY2201A 数字万用表面板的认知

一、万用表的用途

万用表是多用途的电子测量仪器,一般包含安培计、电压表、欧姆计等仪器的功能,也称为万用计、多用计、多用电表,或三用电表。万用表的用途主要有:测量直流电压、电流,测量交流电压、电流,测量电阻值,测量电容量,判断导线是否短路,判别二极管极性以及晶体管的引脚等。某些汽车专用的万用表还可以测量温度、发动机转速等信息。

二、万用表的分类

根据工作原理,万用表可以简单分为两类:一类为指针式万用表(图1-1a),其运用电磁感应的原理,突出的特征是表头有一个摆动的指针;另一类万用表已经完全数字化,称为数字万用表(图1-1b),被测量信号被转换成数字电压并被数字的前置放大器放大,然后由数字显示屏直接显示出来。

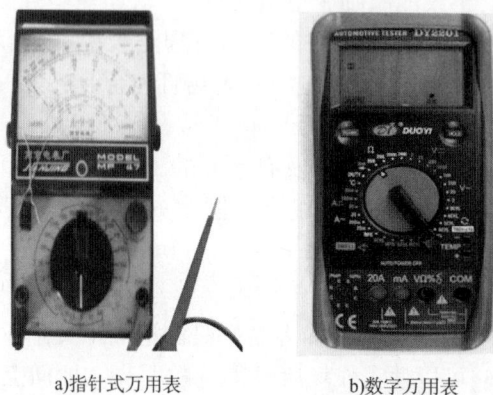

a)指针式万用表   b)数字万用表

图1-1   万用表

数字式万用表灵敏度高,准确度高,显示清晰,过载能力强,便于携带,使用更简单。数字式万用表已成为主流,广泛地应用于汽车电气设备的检测中。

三、数字万用表的面板结构

万用表面板结构可以简单概括为"一屏、三开关、四插孔"。

1. 显示屏

显示屏一般由一只 A/D(模拟/数字)转换芯片、外围元件和液晶显示器组成,如图1-2所示。万用表的显示位数是 4 位 LED(LCD),可以显示数值范围为 0.001 ~ 1999。小于0.001的数值,一般显示为"0";大于1999 的数值,一般显示为"1",表示无穷大。当测量直流电压和直流电流时,仪表自动显示极性。若测量值为负,显示的数值前面带"－"号。当仪表输入超载时,显示屏上显示"1"或"－1"。

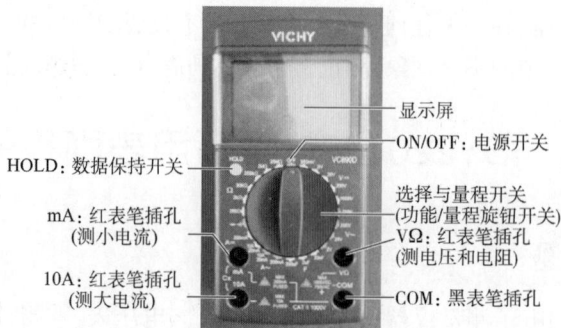

显示屏
ON/OFF:电源开关
HOLD:数据保持开关
选择与量程开关
(功能/量程旋钮开关)
mA:红表笔插孔
(测小电流)
VΩ:红表笔插孔
(测电压和电阻)
10A:红表笔插孔
(测大电流)
COM:黑表笔插孔

图1-2   数字万用表面板结构

2. 开关

专用万用表的功能开关比较多,普通的数字万用表主要有以下几个功能开关。

（1）ON/OFF：电源开关。当开关置于"ON"位置，表内电源接通，可以正常工作；当开关置于"OFF"位置，电源关闭。

（2）HOLD：数据保持开关，用于保持显示屏的数据。

（3）功能/量程旋钮开关（选择与量程开关）：旋转式量程开关位于面板中央，可手动转换以选择量程。开关周围用不同颜色和分界线标出各种不同工作状态的范围。

3. 插孔

（1）表笔插孔。普通的数字万用表有 3~4 个表笔插孔。这里以 4 个表笔的插孔进行介绍。

COM：固定的黑表笔插孔，测电压和电流时认为是负极。

VΩ：红表笔插孔，用来测量电阻、电压，测电压时认为是正极。

10A：红表笔插孔，用来测量安培级的电流（大电流），测电流时认为是正极。

mA：红表笔插孔，用来测量小电流，测电流时认为是正极。

（2）其他插孔。对于某些数字万用表，除了具有测量电压、电流和电阻的基本功能外，还可以测量电容、晶体管的引脚、温度、波形的占空比和频率等物理量。

四、DY2201A 数字万用表的面板结构

图 1-3 为 DY2201A 数字万用表面板结构图。

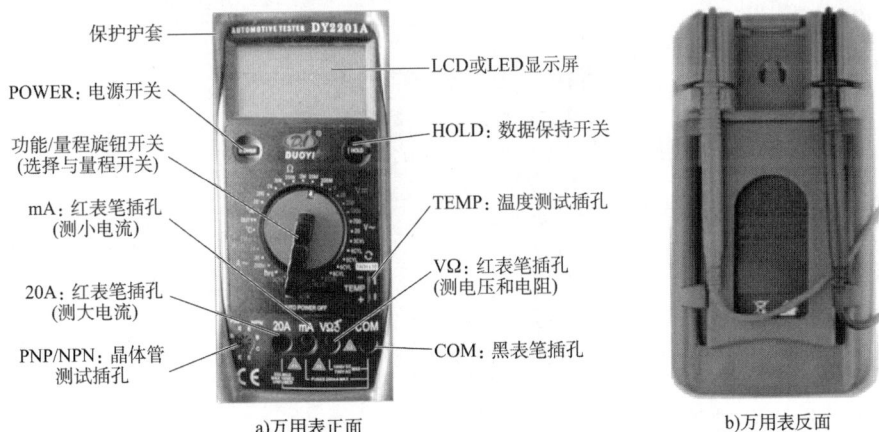

a）万用表正面　　　　b）万用表反面

图 1-3　DY2201A 数字万用表面板结构

1. 显示屏

LCD 或 LED 显示器位于面板正上方。

2. 开关

（1）POWER：电源开关，位于面板左上方。

（2）HOLD：数据保持开关，位于面板右上方。

（3）功能/量程旋钮开关（选择与量程开关）：位于面板正中间。

3. 插孔

（1）表笔插孔：一黑三红（COM、VΩ、20A、mA），位于面板正下方。

COM：黑表笔插孔。

VΩ：红表笔插孔（测电压和电阻）。

mA:红表笔插孔(测小电流)。

20A:红表笔插孔(测大电流)。

(2)其他插孔:

TEMP 为温度测试插孔,位于面板右下方。

NPN/PNP 为三极管测试插孔,位于面板左下方。

4. 保护护套

保护护套位于面板最外层。

DY2201A 多功能汽车检修数字万用表的面板结构,可以简单概括为"一屏、三开关、六插孔"。

任务实施

数字万用表面板的认知见本书所附任务工单一。

任务三　DY2201A 数字万用表功能量程旋钮开关的认知

一、DY2201A 数字万用表功能量程旋钮开关字符含义

DY2201A 数字万用表功能量程旋钮开关及字符含义如图1-4 所示。

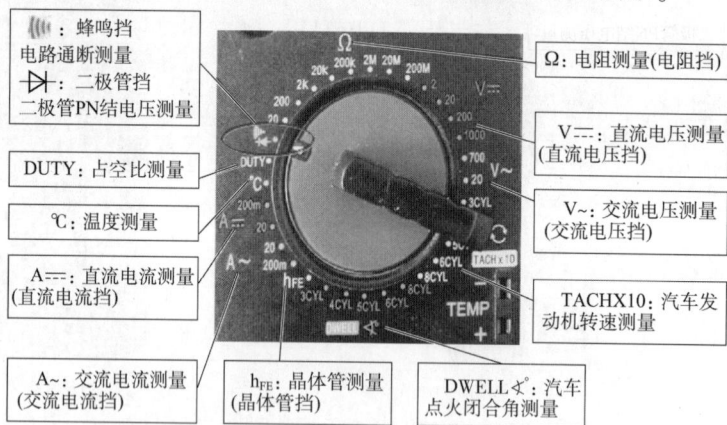

图 1-4　DY2201A 数字万用表功能量程旋钮开关及字符含义

二、DY2201A 数字万用表功能量程旋钮开关字符及对应挡位数

DY2201A 数字万用表功能量程旋钮开关字符及对应挡位数见表 1-1。

DY2201A 数字万用表功能量程旋钮开关字符含义及对应挡位数　　表 1-1

符　号	功能说明及挡位数	符　号	功能说明及挡位数
V ---	直流电压测量(直流电压挡)4 挡	A ---	直流电流测量(直流电流挡)2 挡
V ~	交流电压测量(交流电压挡)2 挡	A ~	交流电流测量(交流电流挡)2 挡
Ω	电阻测量(电阻挡)8 挡	▷|	二极管 PN 结电压测量(二极管挡)1 挡

符　号	功能说明及挡位数	符　号	功能说明及挡位数
DUTY	占空比(%)测量 1 挡	h_{FE}	晶体管测量(晶体管挡)1 挡
DWELL ∢°	汽车点火闭合角测量(°)5 挡	℃	温度测量 1 挡
TACHX10	汽车发动机转速测量(r/min)5 挡	((((	电路通断测量(蜂鸣挡)1 挡

任务实施

数字万用表功能量程旋钮开关的认知(见本书任务工单二)

任务四　DY2201A 数字万用表的使用

一、DY2201A 数字万用表常用挡位使用图解

DY2201A 数字万用表功能量程旋钮开关挡位如图 1-5 所示。现将图中各旋钮开关挡位介绍如下:

图 1-5　DY2201A 数字万用表功能量程旋钮开关常用挡位使用图

(1)Ω:电阻测量(电阻挡),如图 1-6 所示。电阻挡共有 20、200、2K、20K、200K、2M、20M、200M 共 8 个挡。各挡位所标数值为各挡测量的最大阻值。

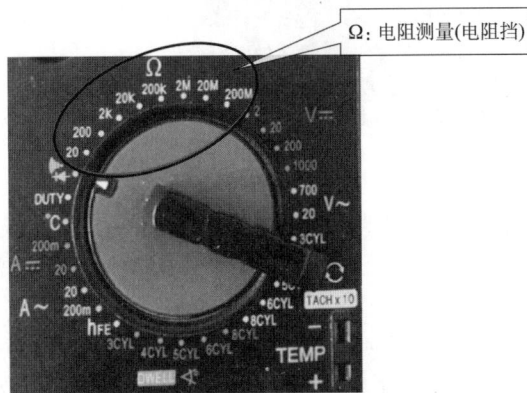

图 1-6　电阻挡位

测量单位包括欧(Ω)、千欧(kΩ)和兆欧(MΩ)。

挡位为 20、200 的单位为 Ω；

挡位为 2K、20K、200K 的单位为 kΩ；

挡位为 2M、20M、200M 的单位为 MΩ。

当测量电阻时,若显示为"1",说明挡位量程选择过小,需加大量程。

若显示为"0",说明挡位量程选择过大,需减小量程。

(2) V ⎓:直流电压测量(直流电压挡),如图 1-7 所示。直流电压挡共有 2、20、200 与 1000 共 4 个挡,测量单位都是 V(伏特)。

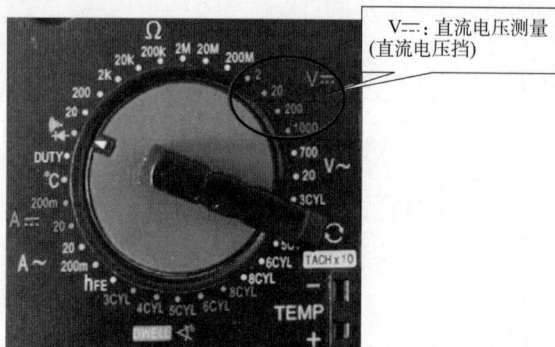

图 1-7　直流电压挡位

注意:各挡位数值是这 4 个挡位所能测量的最大电压值,不能超过其量程进行测量。

(3) V～:交流电压测量(交流电压挡),如图 1-8 所示。交流电压挡有 20 和 700 共 2 个挡位,测量单位都是 V(伏特)。

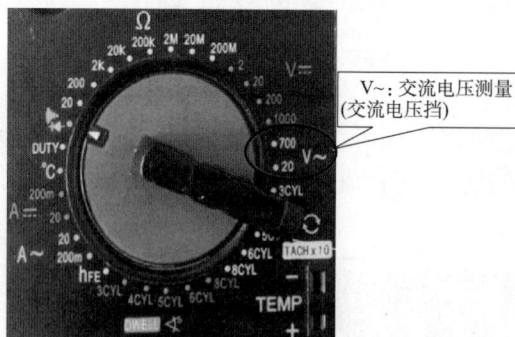

图 1-8　交流电压挡位

注意:各挡位数值是这 2 个挡位所能测量的最大电压值,不能超过其量程进行测量。

(4) A ⎓:直流电流测量(直流电流挡),如图 1-9 所示。直流电流挡有 200m 和 20A 共 2 个挡,测量单位分别是 mA 和 A。

注意:各挡拉值是这 2 个挡位所能测量的最大电流值,不能超过其量程进行测量。

电流的测量方法是将万用表与电路串联。红表笔根据对电流大小的估值插入"20A"或"mA"插孔中。

（5）((((·：蜂鸣挡,电路的通断测量。─▷├─：二极管挡,二极管 PN 结电压测量,如图 1-10 所示。

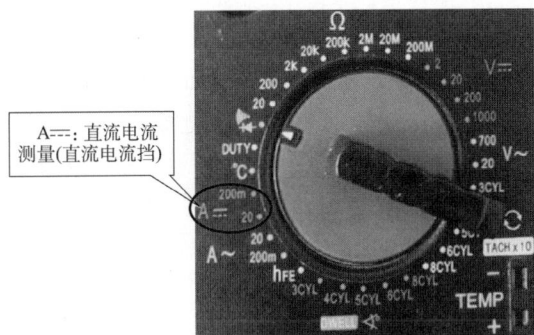

图 1-9　直流电流测量挡位　　　　　　　　　　图 1-10　蜂鸣挡

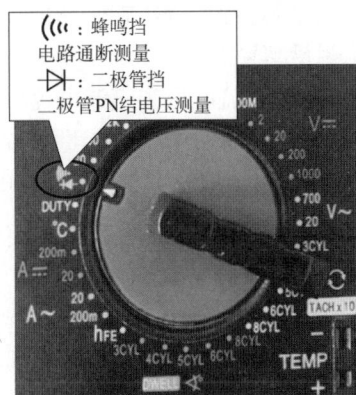

当所测的元件电阻值小于一定值(约 50Ω)时,蜂鸣器会鸣响。可以根据蜂鸣器是否鸣响迅速判断电路中是否有短路,提高测量电路通断工作效率。当用来测量二极管时,显示的数值是二极管的正向压降值。

二、数字万用表操作注意事项

使用数字万用表前,应认真阅读有关的使用说明书,熟悉电源开关、量程开关、插孔、特殊插孔的作用。数字万用表操作注意事项如下:

（1）打开电源开关,观察显示屏是否显示正常,有无电池符号 ▭。若不能正常显示,则需打开万用表盖板检查熔断器和电池等。若显示屏出现电池符号 ▭,表明 9V 电池电压不足,需要更换;若显示屏无电池符号 ▭,表明电池电量充足,不需要更换。

检查万用表常用挡位显示屏能否正常显示数值。将功能量程旋转钮开关旋至交直流电压挡、交直流电流挡时应显示 3 个"0",调至蜂鸣挡和电阻挡时应显示"1"。

（2）注意表笔插孔旁边的符号(图 1-11),其表示输入电压或电流不应超过指示值,测量时不能超过该挡位量程。这是为了保护内部线路免受损伤。

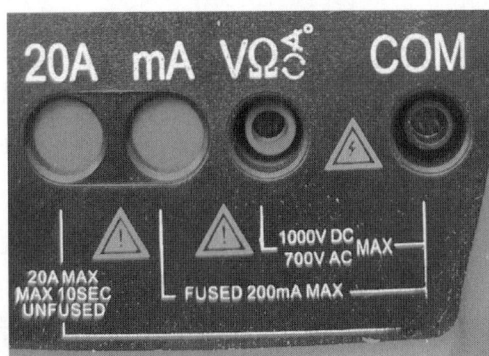

图 1-11　插孔旁边的符号

（3）测试之前要正确选择量程。特别是测量电流与电压时不能选错挡位。如果无法估计被测范围,应将功能量程旋钮开关置于最大量程并逐渐下调至合适量程。

（4）测量过程中禁止旋转功能量程旋钮开关,双手不要接触表笔和元件的金属部分,以免影响测量结果。

（5）测量直流电压和直流电流时,注意"＋""－"极性,防止接错。

（6）测量结束后应将功能量程旋钮开关置于交流电压最高挡位（如 DY2201A 数字万用表交流电压最高挡位为交流电压 700V）或者蜂鸣挡,并关掉万用表的电源。

（7）DY2201 系列的万用表红表笔插孔有机械保护装置,使用时必须拔出红表笔后才可以转动功能量程旋钮开关。

任务五　导线通断的检测

导线,是指用作电线电缆的材料,工业上也指电线,一般由铜或铝制成,电路中不能没有导线。汽车线路导线分为低压导线与高压导线两种。如图 1-12 所示为汽车电路常用导线和万用表表笔线。

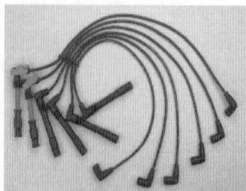

a)汽车高压导线　　　　　　b)汽车低压导线　　　　　　c)万用表表笔线

图 1-12　各类导线

一、导线基本认识

（1）导线的作用是连接电路,进行导电而构成回路,输送电能,传递电流。

（2）导线文字符号为 W;图形符号为 ▬▬▬ 。

二、导线通断的检测步骤（见操作视频二维码 1-1）

（1）选择工具:数字万用表。

（2）通过直观检查和通电检查,判断数字万用表状态是否正常。

①直观检查:打开数字万用表的电源开关,观察显示屏上是否正常显示数值,有无电池符号 ▭。若显示屏出现电池符号 ▭,表明数字万用表的 9V 电池电压不足,需要更换;若显示屏无电池符号 ▭,表明电池电量充足,不需要更换。

检查万用表常用挡位显示屏能否正常显示数值。将功能量程旋钮开关调至交直流电压挡、交直流电流挡时应显示 3 个"0",调至蜂鸣挡和电阻挡时应显示"1"。

②选择挡位:将功能量程旋钮开关调至蜂鸣挡。

③插入表笔:红表笔插入 VΩ 孔,黑表笔插入 COM 孔。

④检查蜂鸣器是否鸣响：将红、黑表笔短接，通过蜂鸣器是否鸣响判断万用表状态是否正常。

如图1-13a)所示，红、黑表笔短接，有蜂鸣声，读数0.001，由此判断万用表状态正常。

（3）检测导线通断：将红、黑表笔分别放置在导线两端测量一次，稳定后读数。有蜂鸣声则导线通，无蜂鸣声则导线断。

如图1-13b)所示，有蜂鸣声，读数小为0.002，则导线通。

如图1-13c)所示，无蜂鸣声，读数大为溢出"1"，则导线断。

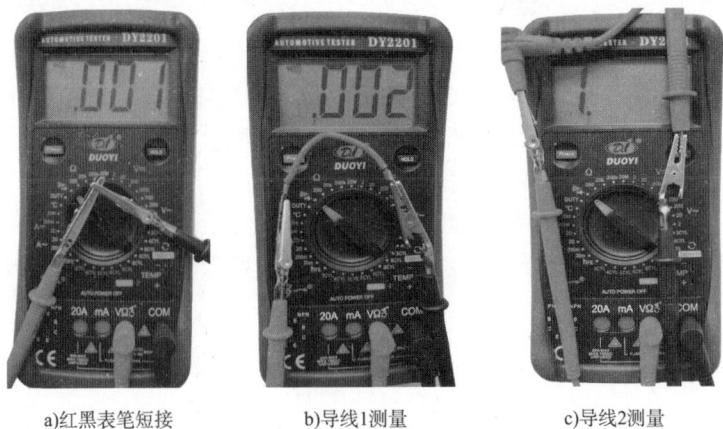

a)红黑表笔短接　　　　　b)导线1测量　　　　　c)导线2测量

图1-13　导线测量

（4）仪表复位，现场6S整理：关闭数字万用表的电源开关，拔出表笔，将功能量程旋钮开关调至V～700。

任务实施

导线通断的检测见本书所附任务工单三。

任务六　熔断器通断的检测

熔断器常用于汽车电路过流保护，是一种连接在电路上用以保护电路的一次性元件。汽车上经常使用的熔断器有插片式熔断器、叉栓式熔断器、汽车玻璃管熔断器等，如图1-14所示。

a)插片式熔断器　　　　　b)叉栓式熔断器　　　　　c)汽车玻璃管熔断器

图1-14　各类熔断器

一、熔断器基本认识

（1）熔断器的作用是保护电路及用电设备。

（2）熔断器：文字符号为 FU；图形符号为 ——□—— 或 ——◯—— 。

二、熔断器通断的检测步骤（见操作视频二维码 1-2）

（1）选择工具：数字万用表。

（2）检测工具：判断工具是否正常。

①直观检查：打开数字万用表的电源开关，观察显示屏是否显示正常，有无电池符号 ▇▇ 。若显示屏出现电池符号 ▇▇ ，表明数字万用表的 9V 电池电压不足，需要更换；若显示屏无电池符号 ▇▇ ，表明电池电量充足，不需要更换。

检查万用表常用挡位显示屏能否正常显示数值。将功能量程旋钮开关调至交直流电压挡、交直流电流挡时应显示 3 个"0"，调至蜂鸣挡和电阻挡时应显示"1"。

②选择挡位：将功能量程旋钮开关调到蜂鸣挡。

③插入表笔：红表笔插入 VΩ 孔，黑表笔插入 COM 孔。

④检查蜂鸣器是否鸣响：将红、黑表笔短接，通过蜂鸣器是否鸣响判断数字万用表状态是否正常。

如图 1-15a）所示，红、黑表笔短接，有蜂鸣声，读数 0.001，由此判断数字万用表状态正常。

（3）检测熔断器通断。将红、黑表笔分别放置在熔断器两端测量一次，稳定后读数。有蜂鸣声则熔断器通，无蜂鸣声则熔断器断。

如图 1-15b）所示，有蜂鸣声，读数为 0.001，则熔断器通。

如图 1-15c）所示，无蜂鸣声，读数为溢出"1"，则熔断器断。

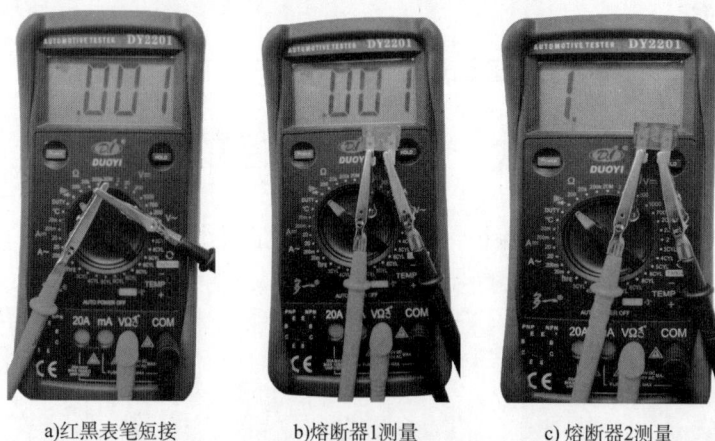

a）红黑表笔短接　　　　　b）熔断器1测量　　　　　c）熔断器2测量

图 1-15　熔断器测量

（4）仪表复位，现场 6S 整理：关闭电源开关，拔出表笔，将功能量程旋钮开关调至 V～700。

任务实施

熔断器通断的检测见本书所附任务工单四。

任务七　单挡开关的检测

一、开关基本认识

（1）开关作用是启动和关闭电气设备。

（2）开关文字符号为 S；图形符号为

（3）汽车电气开关（以下简称开关）根据其控制对象不同，操作的方式也多种多样。汽车电气开关（图 1-16）有组合开关、点火开关、组合式前照灯开关、四门电动窗开关、电动后视镜开关、翘板开关、顶灯开关、门开关、行李舱开关和雾灯开关等。

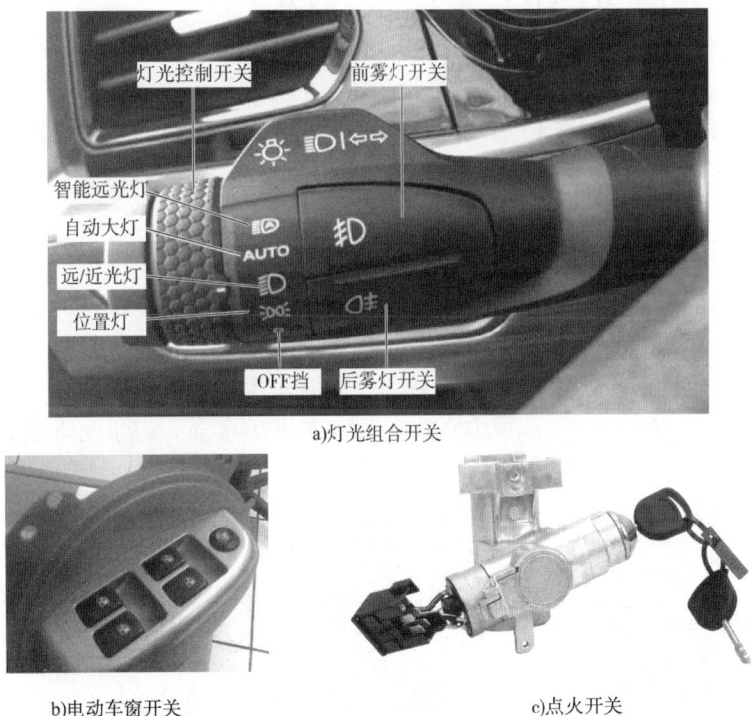

a）灯光组合开关

b）电动车窗开关

c）点火开关

图 1-16　汽车电气开关

下面以最简单的单挡（一挡）开关为例学习，单挡开关状态如图 1-17 所示。

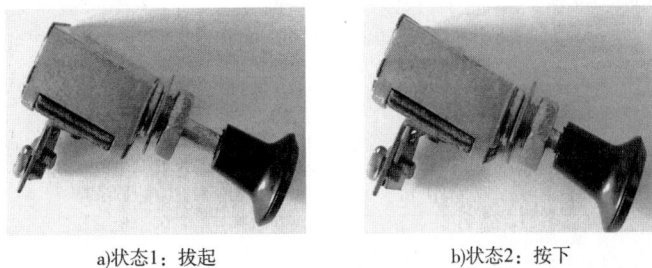

a）状态1：拔起

b）状态2：按下

图 1-17　单挡开关状态

二、单挡开关的检测步骤（见操作视频二维码1-3）

二维码1-3

（1）选择工具：数字万用表。

（2）检测工具：通过直观检查和通电检查，判断数字万用表状态是否正常。

①直观检查：打开数字万用表的电源开关，观察显示屏是否显示正常，有无电池符号 ▭。若显示屏出现电池符号 ▭，表明数字万用表的9V电池电压不足，需要更换；若显示屏无电池符号 ▭，表明数字万用表的电池电量充足，不需要更换。

检查万用表常用挡位显示屏能否正常显示数值。将万用表功能量程旋钮开关调至交直流电压挡、交直流电流挡时，应显示3个"0"；调至蜂鸣挡和电阻挡时，应显示"1"。

②选择挡位：将功能量程旋钮开关调至蜂鸣挡。

③插入表笔：红表笔插入 VΩ 孔，黑表笔插入 COM 孔。

④检查蜂鸣器是否鸣响：将红、黑表笔短接，通过蜂鸣器是否鸣响判断万用表状态是否正常。

如图1-18所示，红、黑表笔短接，有蜂鸣声，读数0.001，由此判断数字万用表状态正常。

（3）检测单挡开关。手握正确位置，将红、黑表笔分别接在单挡开关两个引脚，稳定后读数。

注意：手指禁止碰到表笔或开关接线端。

①单挡开关按钮按下测量一次，稳定后读取数据并判断单挡开关通断。

如图1-19所示，无蜂鸣声，读数为溢出"1"，则单挡开关断开。

②单挡开关按钮拔起测量一次，稳定后读取数据并判断单挡开关通断。

如图1-20所示，有蜂鸣声，读数为0.030，则单挡开关接通。记录测量数据及开关状态，见表1-2。

图1-18　两表笔短接　　　图1-19　单挡开关按下测量　　　图1-20　单挡开关拔起测量

测量数据及开关状态　　　　　　　　　　　　　　　　　　表1-2

开 关 位 置	有无蜂鸣声	读　数	判断引脚通断	判断开关状态
按下	无蜂鸣声	1	断	
拔起	有蜂鸣声	0.030	通	

（4）仪表复位，现场 6S 整理：关闭电源开关，拔出表笔，将功能量程旋钮开关调至 V～700。

三、单挡开关是否正常的判别

（1）单挡开关正常的标准：测量 2 次，一通一断。

按下测量：无蜂鸣声，读数为溢出"1"，单挡开关断开。

拔起测量：有蜂鸣声，读数很小，单挡开关接通。

（2）单挡开关损坏的标准：测量 2 次，两通或两断。

2 次测量都有蜂鸣声，读数很小，说明开关始终接通（两通）；

2 次测量都没有蜂鸣声，读数为溢出"1"，说明开关始终断开（两断）。

（3）单挡开关检测示例。

①单挡开关 1：测量结果如图 1-21 所示，检测数据及判断结果见表 1-3。

a)单挡开关按下测量　　b)单挡开关拔起测量

图 1-21　单挡开关 1 测量

检测数据及判断结果　　　　　　　表 1-3

开关位置	有无蜂鸣声	读　数	判断引脚通断	判断开关是否正常
按下	无蜂鸣声	1	断	正常
拔起	有蜂鸣声	0.030	通	

②单挡开关 2：测量结果如图 1-22 所示，检测数据及判断结果见表 1-4。

检测数据及判断结果　　　　　　　表 1-4

开关位置	有无蜂鸣声	读　数	判断引脚通断	判断开关是否正常
按下	有蜂鸣声	0.001	通	损坏
拔起	有蜂鸣声	0.001	通	

③单挡开关 3：测量结果如图 1-23 所示，检测数据及判断结果见表 1-5。

a)单挡开关按下测量　　　b)单挡开关拔起测量　　　　a)单挡开关拔起测量　　　b)单挡开关按下测量

图 1-22　单挡开关 2 测量　　　　　　　　　图 1-23　单挡开关 3 测量

检测数据及判断结果   表 1-5

开 关 位 置	有无蜂鸣声	读 数	判断引脚通断	判断开关是否正常
按下	无蜂鸣声	1	断	损坏
拔起	无蜂鸣声	1	断	

任务实施

单挡开关的检测见本书所附任务工单五。

任务八　电池电压的测量

电池泛指能产生电能的小型装置,如干电池。利用电池作为能量来源,可以得到稳定电压和电流,长时间稳定供电,并且电池结构简单,携带方便,充放电操作简便易行,不易受外界气候和温度的影响,性能稳定可靠,在现代社会生活中的各个方面发挥着巨大作用。如图 1-24 所示为生活中常用的干电池和蓄电池。干电池和蓄电池统称直流电源(DC),直流电源的特点是电压和方向不随时间变化,有正负极性。

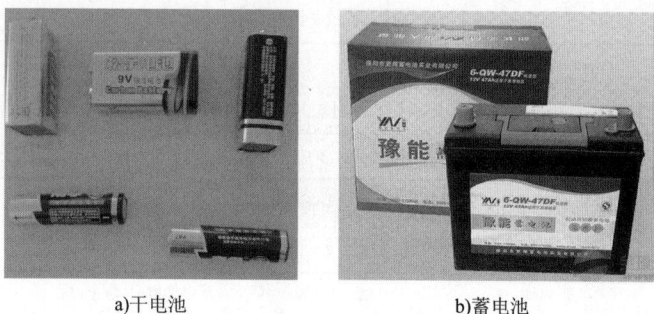

a)干电池　　　　　　　　b)蓄电池

图 1-24　电池

一、电池基本认识

(1)电池特点是有正负极性,正极标" + ",负极标" - "。

(2)电池文字符号为 E;图形符号为 ⊥⊥。

二、电池电压的测量步骤(见操作视频二维码 1-4)

(1)选择工具:数字万用表。

(2)检测工具:通过直观检查和通电检查,判断数字万用表状态是否正常。

①直观检查:打开数字万用表的电源开关,观察显示屏是否显示正常,有无电池符号 ▮▮。若显示屏出现电池符号 ▮▮,表明数字万用表的 9V 电池电压不足,需要更换;若显示屏无电池符号 ▮▮,表明电池电量充足,不需要更换。

检查万用表功能量程旋钮开关常用挡位显示屏能否正常显示数值。将功能量程旋钮

二维码 1-4

开关调至交直流电压挡、交直流电流挡时,应显示 3 个"0";调至蜂鸣挡和电阻挡时,应显示"1"。

②选择挡位:将功能量程旋钮开关调至蜂鸣挡。

③插入表笔:红表笔插入 VΩ 孔,黑表笔插入 COM 孔。

④检查蜂鸣器是否鸣响:将红、黑表笔短接,通过蜂鸣器是否鸣响判断万用表状态是否正常。

如图 1-25 所示,红、黑表笔短接,有蜂鸣声,读数 0.002,由此判断数字万用表状态正常。

(3)测量电池电压。

①重新选择挡位:调至直流电压挡 V ---,量程从大往小调整,以测量数据达到量程 2/3 最佳。挡位选择正确,测量时显示 3~4 位有效数字。

蓄电池和 9V 干电池选择 V --- 20,1.5V 干电池选 V --- 2。

②测量电池电压:红表笔接电池正极,黑表笔接负极,稳定后读数。若表笔接反,显示屏显示负号" - "。

测量 2V 干电池电压:选择挡位直流电压挡 2 或 V --- 2,如图 1-26 所示。

a)表笔接法正确:电压1.366V　　　b)表笔接法错误:电压-1.366V

图 1-25　两表笔短接　　　　　图 1-26　测量 2V 干电池挡位选择和表笔接法

测量 12V 蓄电池电压:选择挡位直流电压挡 20 或 V --- 20,如图 1-27 所示。

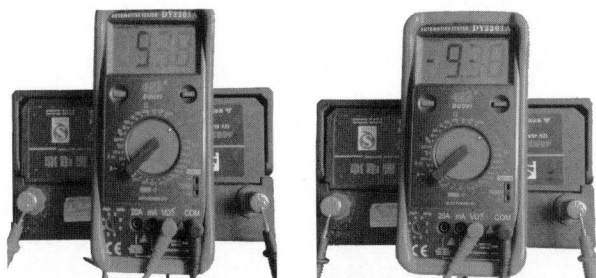

a)表笔接法正确:电压9.38V　　　b)表笔接法错误:电压-9.38V

图 1-27　测量 12V 蓄电池挡位选择和表笔接法

测量 9V 干电池电压:选择挡位直流电压挡 20 或 V$\overline{\cdots}$20,如图 1-28 所示。

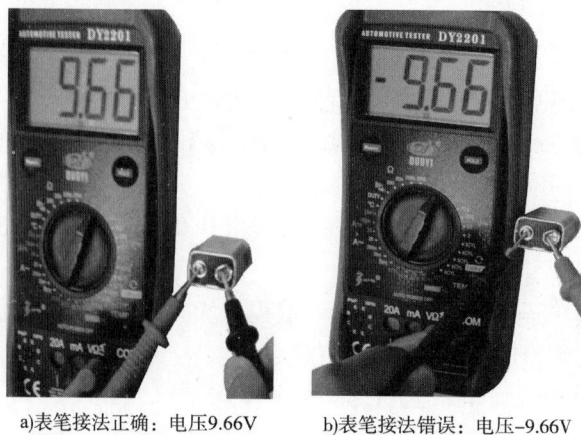

a)表笔接法正确:电压9.66V   b)表笔接法错误:电压-9.66V

图 1-28　测量 9V 干电池挡位选择和表笔接法

(4)仪表复位,现场 6S 整理:关闭电源开关,拔出表笔,功能量程旋钮开关调至 V~700。

(5)注意:

①如果无法估计被测电压范围,应将功能量程旋钮开关置于最大量程并逐渐下调至合适量程;

②如果显示器只显示"1",表示量程选择过小,应将功能量程旋钮开关置于更高量程;

③当测量高电压时,要格外注意万用表的正负极性,避免触电。

任务实施

电池电压的测量见本书所附任务工单六。

任务九　插座电压的测量

一、插座电压基本认识

(1)插座种类不同,其电压也各不相同。插座电压为交流电压(AC),交流电压的特点是大小和方向随时间变化,且无极性。

两孔和三孔插座,如图 1-29a)所示,电压约为 220V(照明电);

四孔插座,如图 1-29b)所示,电压约为 380V(动力电);

五孔插座,如图 1-29c)所示,电压约为 440V(动力电)。

a)两孔和三孔插座　　　b) 四孔插座　　　c) 五孔插座

图 1-29　各类插座

（2）测量插座电压选择工具和挡位：数字万用表 V～700 挡。

二、插座电压的检测步骤（见操作视频二维码1-5）

二维码1-5

（1）选择工具：数字万用表。

（2）检测工具：通过直观检查和通电检查，判断数字万用表状态是否正常。

①直观检查：打开数字万用表的电源开关，观察显示屏是否显示正常，有无电池符号。若显示屏出现电池符号，表明数字万用表的9V电池电压不足，需要更换；若显示屏无电池符号，表明数字万用表的电池电量充足，不需要更换。

检查万用表功能量程旋钮开关常用挡位显示屏能否正常显示数值。将功能量程旋钮开关调至交直流电压挡、交直流电流挡时，应显示3个"0"；调至蜂鸣挡和电阻挡时，应显示"1"。

②选择挡位：将功能量程旋钮开关调至蜂鸣挡。

③插入表笔：红表笔插入 VΩ 孔，黑表笔插入 COM 孔。

④检查蜂鸣器是否鸣响：将红、黑表笔短接，通过蜂鸣器是否鸣响判断万用表状态是否正常。

如图 1-30 所示，红、黑表笔短接，有蜂鸣声，读数 0.002，由此判断数字万用表状态正常。

（3）测量插座电压。

①重新选择挡位：调至交流电压挡，量程从大往小调整，以测量数据达到量程2/3最佳。挡位选择正确，测量时显示 3～4 位有效数字。

②测量插座电压：将红、黑表笔分别接于插座相（火）线、零线进行测量，稳定后读数。

如图 1-31a）所示，将红、黑表笔分别接于插座相线和零线，读数为 226V；

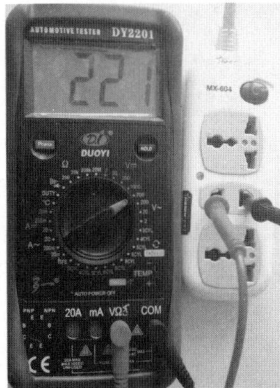

如图 1-31b）所示，将红、黑表笔交换后测量，读数为 221V。

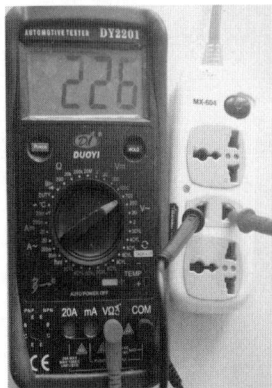

a)红、黑表笔分别接于插座相线和零线　　b)红、黑表笔交换后测量

图 1-30　红、黑表笔短接　　　　图 1-31　交流电压测量

（4）仪表复位，现场 6S 整理：关闭电源开关，拔出表笔，将功能量程旋钮开关调至蜂鸣挡。

（5）注意：

①如果无法估计被测电压范围,将功能量程旋钮开关置于最大量程并逐渐下调至合适量程。

②测量中禁止用手触及表笔的金属部分,要格外注意避免触电,还要防止短路和表笔脱落。

任务实施

插座电压的测量见本书所附任务工单七。

课后思考题

一、填空题

1.实训室现场进行 6S 管理,"6S"分别是指_____、_____、_____、_____、_____与_____。

2.在每次使用万用表测量结束后,应将功能量程旋钮开关置于仪表_____或_____,并关闭。

3.判别蓄电池正、负极柱:一般_____为正极,_____为负极或正极处标有_____,负极处标有_____。

4.万用表正在测量,禁止旋转_____开关。

5.数字万用表测量直流电压时,注意_____极性,防止接错。

6.熔断器的作用是_____,文字符号为_____,图形符号为_____。

7.开关的作用是_____,文字符号为_____,图形符号为_____。

8.万用表是一种多用途的电子测量仪器,一般包含_____、_____、_____等功能,也称为万用计、多用计、多用电表,或三用电表。

9.检测熔断器通断应将_____、_____表笔放置在熔断器两端测量一次稳定后读数。_____蜂鸣声则熔断器是通,_____蜂鸣声则熔断器断。

10.导线的作用是_____,_____,_____,传递电流。文字符号为_____。

二、判断题

1.实训结束后,按现场"5S"管理要求做好整理、清洁等。值日生清洁工作台、清除垃圾,将实训室打扫干净、桌椅摆放整齐方可离开实训室。（　　）

2.交流电压(AC)特点为大小和方向随时间变化,且无极性。（　　）

3.检测导线通断应将红、黑表笔放置在导线两端测量一次,稳定后读数。有蜂鸣声则导线是通,无蜂鸣声则导线断。

4.单挡开关正常的标准:测量 3 次,一通二断。（　　）

5.DY2201A 多功能汽车检修数字万用表的面板结构可以简单概括为"一屏、三开关、八插孔"。（　　）

6.家用插座:两孔和三孔插座,电压约250V。（　　）

7.万用表根据其工作原理可以简单分为三类。（　　）

8.A $\overline{\underline{}}$:直流电流测量有200m、20A共2个挡,测量单位分别是 mA 和 A。（　　）

9. 万用表面板结构可以简单概括为一屏、三开关、四插孔。　　　　　（　　　）

10. 干电池和蓄电池有正负极性,正极标"＋",负极标"－"。　　　　　（　　　）

三、简答题

1. 电工电子实训室安全操作规程有哪些? 严禁哪些行为?

2. 简述"6S"现场管理法的含义。

3. 说明下列按钮和开关的含义:POWER、ON/OFF、HOLD、COM、VΩ、20A、mA、TEMP、NPN/PNP。

4. 说明下列功能旋钮符号的含义:$V=$、$V\sim$、Ω、$A=$、$A\sim$、℃、h_{FE}、▶|、(((、F、C_X。

5. 数字万用表使用时要特别注意哪几点?

6. 数字万用表判断导线的通断选什么挡位?

7. 熔断器的作用和符号是什么? 数字万用表判断熔断器的通断应选什么挡位?

8. 数字万用表测试导线或熔断器通断有哪些步骤?

9. 开关的作用和符号是什么? 数字万用表检测开关选择什么挡位?

10. 数字万用表检测单挡开关状态有哪些步骤?

11. 直流电压的特点是什么? 测量12V蓄电池、9V干电池和1.5V干电池应如何选择挡位?

12. 用数字万用表测量蓄电池电压有哪些步骤?

13. 交流电压的特点是什么? 测量电源插座电压应如何选择挡位?

14. 用数字万用表测量插座电压有哪些步骤?

项目二　汽车直流电路

📖 **项目描述**

　　随着汽车的电子化程度越来越高,汽车电路图的识读能力逐渐成为汽车维修工必不可少的一项专业技能。读图的准确度和速度直接影响着一个汽车维修工的工作质量和工作效率。为了适应汽车发展对汽车维修工的要求,学生必须培养自己对汽车电路图的浓厚兴趣,具备基本的读图、绘图技能,能根据汽车电路图诊断、检测、维修汽车电路故障。本项目介绍了汽车电路的组成和特点,简单电路和复杂电路分析计算方法,实际电路中电流、电位和电压的测量方法。

📚 **知识目标**

　　(1)掌握电路的组成、作用和元件电气符号;熟悉汽车电路的单线制及汽车电路的特点;理解汽车电路常用物理量的概念;

　　(2)进一步巩固导线、熔断器、开关、灯和蓄电池的检测方法,掌握单线制车灯电路的连接步骤和电压、电位及电流测量方法;

　　(3)理解电路欧姆定律,掌握简单计算方法;

　　(4)掌握电阻串联、并联和混联电路的连接方式及其电路特点;

　　(5)掌握基尔霍夫定律,能正确列写方程。

✒️ **技能目标**

　　(1)能识读基本元件的电气符号和简单的电路图;

　　(2)能检测熔断器、开关、导线、灯和蓄电池是否正常,能根据电路图正确连接电路,能正确使用万用表测量电位、电压和电流;

　　(3)能利用欧姆定律对电路进行分析与计算;

　　(4)能应用电阻串联、并联的特点分析和解决实际的简单电路;

　　(5)能应用基尔霍夫定律分析复杂电路。

任务一　汽车电路的组成及电路基本物理量

一、汽车电路的组成

(一)电路

(1)电路是电流所流经的路径。复杂电路呈网状,所以电路又称电网。

(2)电路的组成包括电源、负载、中间环节。简单照明电路如图2-1所示。

①电源:提供电能的元件。汽车电路中的两个电源是蓄电池(图2-2a)和发电机(图2-2b),它们的作用是为汽车电路中的负载提供直流电压。

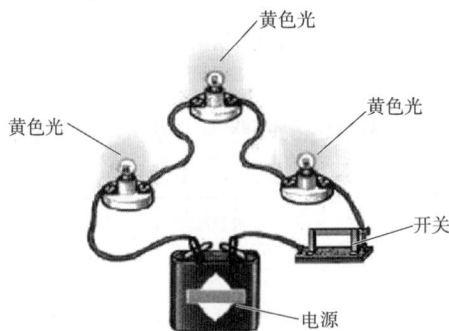

图2-1　简单照明电路

a)蓄电池　　　　b)发电机

图2-2　汽车电路中的电源

②负载(用电器):消耗电能的元件。它将电能转变成机械、热、光、声等其他形式的能。例如车灯(图2-3a)是将电能转换成光能和热能。喇叭(图2-3b)是将电能转换成振动和声音。

a)车灯　　　　　　b)喇叭

图2-3　汽车电路的负载

③中间环节:起到连接、保护和控制作用。如导线、熔断器和开关(图2-4)等。

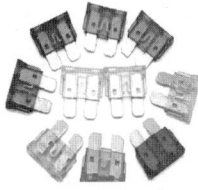

a)连接导线　　　　b)熔断器　　　　c)开关

图2-4　汽车电路的中间环节

（二）电路图

（1）电路原理图也简称为电路图，是指将实际电路（图2-5a）中的各元件用规定的图形符号表示之后所画出的图（图2-5b）。实际电气设备的安装和维修都是依据电路图进行的。

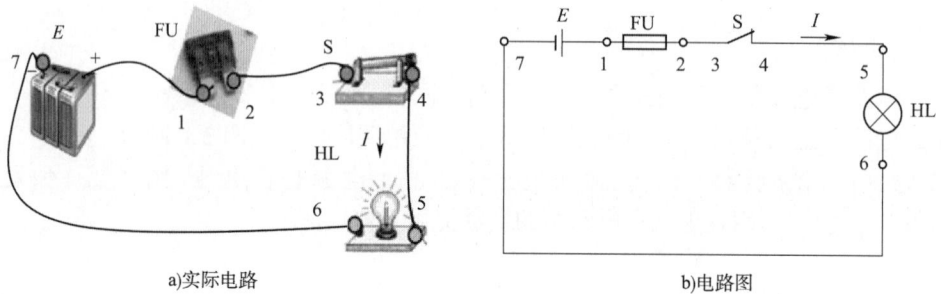

a)实际电路   b)电路图

图2-5　实际电路与电路图

（2）常用的图形符号：在电路图中，各种电路元件都用规定的图形符号表示，见表2-1。

电路元件规定的图形符号　　　　　　　　　　　　　表2-1

名　称	图 形 符 号	文 字 符 号	名　称	图 形 符 号	文 字 符 号
电池	—╂—	E	电位器		R_P
熔断器	—▭—	FU	电容器	—╢—	C
开关	—•⁄—	S	电解电容	—+╢—	C
灯	—⊗—	HL	空心电感	﹏	L
电阻	—▭—	R	铁芯电感	﹏	L
接地接机壳	⟂	GND	变压器		T

（3）汽车照明基本电路图如图2-6所示。电源和用电设备之间是用两根导线构成回路，这种连接方式称为双线制（图2-6b）。

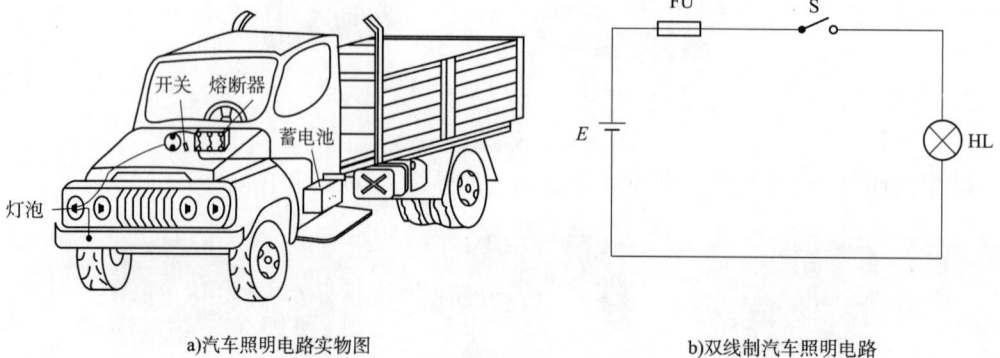

a)汽车照明电路实物图   b)双线制汽车照明电路

图2-6　汽车照明电路图

（4）汽车电路的单线制。在汽车上，为了节省导线和便于安装、维修，电源和用电设备之间通常只用一根导线连接，另一根导线则由发动机、车架等金属机体代替构成回路，这种连接方式称为单线制,如图 2-7 所示。

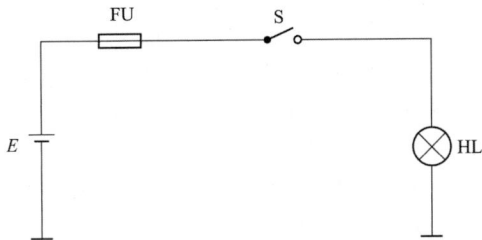

图 2-7 单线制汽车照明电路图

单线制电路中,电源(汽车上是蓄电池和发动机)的一端必须可靠地接到车架上,俗称搭铁,用符号"⊥"表示。搭铁种类按电源搭铁的极性可分为正极搭铁和负极搭铁。由于负极搭铁对无线电干扰较小,所以,世界上绝大多数国家包括我国的汽车都采用负极搭铁。如图 2-8 所示为单线制负极搭铁汽车倒车信号电路图。

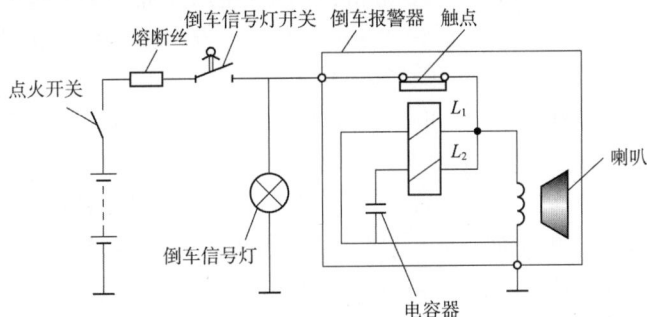

图 2-8 单线制汽车倒车信号电路图

(5)单线制电路绘制步骤(图 2-9)。

①按双线制电路把各元件画出(图 2-9b)。

注意:不连接蓄电池负极输出线和负载输出线,不改变电路各元件的连接关系和状态。

②把蓄电池负极输出线和负载输出线用符号"⊥"画出(图 2-9c)。

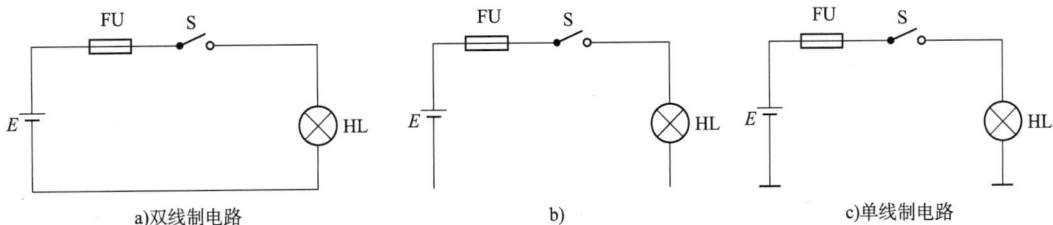

a)双线制电路 b) c)单线制电路

图 2-9 单线制电路绘制步骤

(三)汽车电路的特点

(1)低压:6V、12V、24V 等;

(2)直流;

(3)单线制;

(4)负极搭铁;

(5)并联制。

二、汽车电路的基本物理量

(一)电流

电荷的定向运动形成电流。科学上把单位时间里通过导体任一横截面的电量叫作电流,表示电流强弱的物理量。

在国际单位制中,电流的单位是安培,简称"安",用大写字母 A 表示。常用的电流单位还有 kA(千安)、mA(毫安)、μA(微安)等,换算关系为:

$$1kA = 10^3 A; \quad 1A = 10^3 mA; \quad 1mA = 10^3 \mu A$$

电学上规定:正电荷定向流动的方向为电流方向(图 2-10)。电流方向在外电路中从高电位通过负载流向低电位,在电源内部则是从低电位流向高电位。

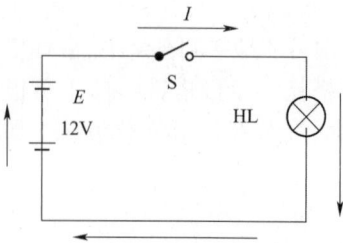

图 2-10 电流方向

大小和方向都发生周期性变化的电流称交流电流,用小写字母 i 表示。大小和方向不随时间变化的电流称直流电流,用大写字母 I 表示。

根据电击事故分析得出:当工频电流为 0.5 ~ 1mA 时,人就有手指、手腕麻或痛的感觉;当电流增至 8 ~ 10mA 时,人能感受到针刺感、疼痛感增强,发生痉挛而抓紧带电体,但终能摆脱带电体;当接触电流达到 20 ~ 30mA 时,人迅速麻痹不能摆脱带电体,而且血压升高,呼吸困难;电流为 50mA 时,就会使人呼吸麻痹,心脏开始颤动,数秒钟后就可致命。通过人体电流越大,人体生理反应越强烈,病理状态越严重,致命的时间就越短。

一般轿车的起动电流在 100 ~ 300A 之间,如果发动机的排量较大,则起动电流会相应的增大。

电流是利用万用表的电流挡进行测量的。

(二)电压、电位、电动势

1. 电压

电压又称电势差或电位差。就像水流只有在两点中存在着水位差时水才能流动,电流之所以能够在导线中流动,也是因为在电路中有着高电势和低电势之间的差别,这种差别叫电势差,也叫电压。换句话说,电压是衡量单位电荷在静电场中由于电势不同所产生的能量差的物理量。其大小等于单位正电荷因受电场力作用从一点移动到另一点所做的功。

电压方向规定为从高电位端指向低电位端,即电位降低的方向。电路图中可以用箭头来表示电压的指向,即从高电位指向低电位,也可以把高电位用"+",低电位用"-"来表示。如图 2-11 所示,U_{ab} 为电压方向。

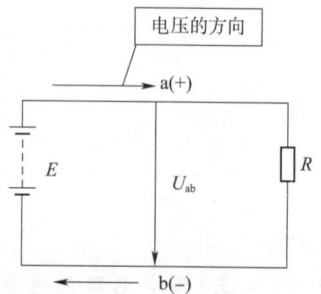

图 2-11 电压方向

电压可分为高电压、低电压和安全电压。高、低电压是以电气设备对地的电压值为依据的。对地电压高于 1000V 的为高压,对地电压小于或等于 1000V 的为低压。其中安全电压指人体较长时间接触而不致发生触电危险的电压。按照国家标准《安全电压》(GB 3805—83)中规定安全电压是为防止触电事故而采用的,由特定电源供电的电压系列。我国对工频安全电压规定了以下 5 个等级,即 42V,36V,24V,12V 和 6V。

大小和方向都发生周期性变化的电压是交流电压,用小写字母 u 表示。生活中插墙式电器使用的是民用交流电源。交流电在家庭生活、工业生产中有着广泛的应用,生活民用电压为 220V、通用工业电压为 380V,都属于危险电压。大小和方向不随时间而变化的电压是直流电压,用大写字母 U 表示。生活中使用的可移动外置式电源提供的是直流电。直流电一般被广泛使用于手电筒(干电池)、手机(锂电池)等各类生活小电器等。干电池(1.5V)、蓄电池(12V)等被称之为直流电源。这些电源电压都不会超过 24V,属于安全电源。

汽车用直流电的电压,一般为 12V,也有 24V;点燃汽缸内汽油混合气的脉冲电压要达到 15kV ~ 25kV

2. 电位

在电场的不同位置,电荷所具有的电势能是不相同的。电位就好像水位一样,高处与低处的能量大小各异。在相同电路中,电子的流动在各个位置的能量大小也不相同。为了表示这种势能的不同,把单位正电荷在电路中某一点所具有的位能称为电位。在电路中任选参考点 O,该电路中某点 a 到参考点 O 的电压就称为 a 点的电位 V_{ao}。电路参考点本身的电位 $V_0 = 0$,参考点也称为零电位点。电位用字母 V 表示。

在工程实际中,常以地球作为零电位点,用符号"⊥"表示;而对于外壳接地的用电设备,其已和大地相连,故其电位也为零。如果设备或仪器并未接地,通常将许多元件的连接点作为零电位参考点,这都是为了电位计算的方便。零电位参考点一旦选定,一般是不能随意改变的。这样在电路分析时,凡是比参考点电位高的点其电位是正电位,比参考点电位低的点其电位是负电位。

注意:同一点的电位值随着参考点的不同而变化,而任意两点之间的电压却与参考点的选取无关。

在汽车电路中,通常用汽车底盘、车架和发动机等金属作为公用导线,也就是常说的搭铁(图 2-12),并视其为电路中的参考零点。电路中任意一点的电位就是相对于搭铁点的电压。

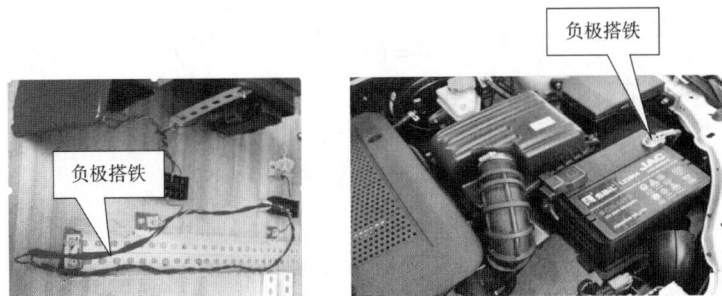

图 2-12　搭铁

3. 电动势

为了保证电路中有持续不断的电流,在电源内部就要有一种力将正电荷从低电位处移到高电位处。这样在外部电路中,才能使电流再从高电位回到低电位,形成连续不断地流动,即电源要能使电路两端维持一定的电位差。这种在电源内部使电路两端产生和维持电位差的能力称为电源电动势。电源电动势 E 是表示电源内非静电力做功能力的物理量,在数值上等于把单位正电荷从负极经电源内部移至正极时,非静电力所做的功。电动势的大小只决定于电源本身,与外电路无关。

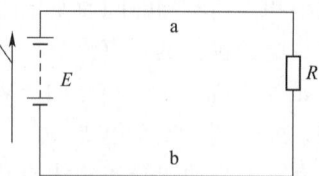

电动势用字母 E 表示。电动势的方向(图 2-13)规定:在电源内部由负极指向正极。电压、电位和电动势的单位是伏特,简称伏(V),在工程上还可用千伏(kV)、毫伏(mV)和微伏(μV)为计量单位。其换算关系为:

图 2-13 电动势的方向

$$1kV = 10^3 V; 1mV = 10^{-3}V; 1\mu V = 10^{-3}mV = 10^{-6}V$$

对于一个电源来说,它既有电动势,又有端电压。电动势只存在于电源内部,而端电压则是电源加在外电路两端的电压,其方向由正极指向负极。一般情况下,电源的端电压总是低于电源内部的电动势,只有当电源开路时,电源的端电压才与电源的电动势相等。

电压、电位和电动势可以用万用表的电压挡进行测量。

(三)电能(W)

在日常生活中,提起水、推车、向上搬重物都是在做功。电流在通过负载时,将电能转变为另一种能量(如光能、热能、机械能等),这些能量的传递和转换现象都是电流做功的表现。

电能是表示电流做功的物理量,是以各种形式做功的能力(所以有时也叫电功)。日常生活中使用的电能,主要来自其他形式能量的转换,包括水能(水力发电)、热能(火力发电)、原子能(核电)、风能(风力发电)、化学能(电池)及光能(光电池、太阳能电池等)等。电能是指在一定的时间内电路元件或设备吸收或发出的能量。电能是一种经济、实用、清洁且容易控制和转换的能源形态。

在电场力的作用下,电荷的定向移动形成的电流所做的电功即称为该段电路所消耗的电能。某段电路(或元件)消耗的电能与这段电路两端电压、电路中电流和通电时间成正比。

设导体两端电压为 U,通过导体横截面的电荷为 Q,电场所做的功为 $W = QU$,而 $Q = It$,则表达式:

$$W = QU = UIt \tag{2-1}$$

式中:W——电功或电能,国际单位制单位 J(焦);

U——元件两端电压,国际单位制单位 V(伏);

I——流过元件的电流,国际单位制单位 A(安);

t——做功的时间,国际单位制单位 s(秒)。

由上述可知电能与电路中的电压、电流和通电时间成正比。

在生活中,电能常用另一个单位:kW·h(千瓦时),也称度。1kW·h 就是 1 度电,它与焦的换算关系为:1kW·h = 1000 × 3600J = 3.6 × 10^{6}J。

(四)电功率

在一定时间内,电路产生或消耗的电能与时间的比值叫电功率。

单位时间内负载消耗的能量称为负载取用的电功率,简称功率。它是表明负载消耗电能快慢程度的物理量,用字母 P 表示,国际单位制单位为 W(瓦)。

电功率用字母 P 表示,电功率是表明负载电能快慢程度的物理量,单位是瓦(W)。

电功率的计算公式为:

$$P = \frac{W}{t} = \frac{UIt}{t} = UI \tag{2-2}$$

即:
$$P = UI$$

式中:U——负载两端电压,国际单位制单位 V(伏);

　　I——流过负载的电流,国际单位制单位 A(安);

　　P——负载消耗的电功率,国际单位制单位 W(瓦)。

电功率常用的单位还有 kW、mW 等,它们之间的关系是:

$1kW = 10^3 W = 10^6 mW$。

通常用电设备外包装或铭牌上都标有其使用时的工作条件,其中包括工作电压和消耗的电功率两项。如照明灯泡标有"PZ220-100"的字样,表明这只灯泡的工作电压为 220V,在 220V 电压下消耗的功率为 100W。(P 和 Z 是灯泡命名时普通照明灯泡中"普""照"拼音的第一个字母)。

【例 2-1】　一台冰箱额定功率是 80W,每天使用 24h,每度电的电费为 0.50 元,求每月(以 30 天计)应付电费为多少?

解:每月用电时间:$t = 24 \times 30 = 720h$。

每月消耗的电能:$W = Pt = 0.08kW \times 720h = 57.6kW \cdot h = 57.6$ 度。

每月应付的电费:0.50 元/度 $\times 57.6$ 度 $= 28.8$ 元。

【例 2-2】　一台电热水器的铭牌上的部分信息"220V,2200W",说明 220V 和 2200W 含义。请根据铭牌信息求电热水器正常工作的电流为多大?

解:

电功率计算公式:

$$P = \frac{W}{t} = \frac{UIt}{t} = UI$$

电流计算:

$$I = \frac{P}{U} = \frac{2200W}{220V} = 10A$$

任务二　单线制简单车灯电路的连接与测量

一、实训目的(相关教学资源见二维码 2-1)

加深对汽车车灯电路的了解,进一步巩固万用表检测保险、开关、导线、灯和蓄电池的方法,学习连接简单的汽车车灯电路并能测量电位、电压和电流。

二维码 2-1

(1)能检测蓄电池、熔断器、开关、导线、灯的通断与好坏。

(2)能根据电路图连接实物电路,并且满足功能要求,即开关 S 闭合,灯 HL 亮;开关 S 断开,灯 HL 灭。

(3)能够对照电路图测量电路中电位、电压和电流,并能对电路进行简单分析。

二、实训注意事项

（1）拆装电路时不能带电操作。

（2）拆装汽车蓄电池正负极的正确顺序：先拆负极，后拆正极；先装正极，后装负极。

（3）注意挡位和红表笔插孔选择正确。

（4）测量直流电压和电流时注意极性。

三、实训电路

实训电路如图 2-14 所示。

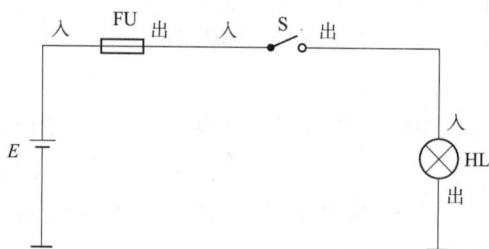

图 2-14　单线制简单车灯电路

四、实训器材

每组实训电路板 1 块(或熔断器 1 个、开关 1 个、车灯 1 个)、数字万用表 1 块、螺丝刀 1 把、蓄电池 1 块、导线若干。

（1）蓄电池(E)，如图 2-15 所示。

蓄电池电压 12V，一般红色为正极或标" + "，黑色(蓝色)为负极或标有" − "。万用表直流电压 20 测量，连接时注意极性。

（2）保险盒或熔断器(FU)，如图 2-16 所示。

保险输入端：粗线相连螺钉(1 ~ 2 个)和蓄电池正极相连，中间圆圈内为输入端，如图 2-16 所示。

保险输出端：细线相连螺钉(若干个)，和单挡开关输入端相连，两端圆圈内为输出端，如图 2-16 所示。

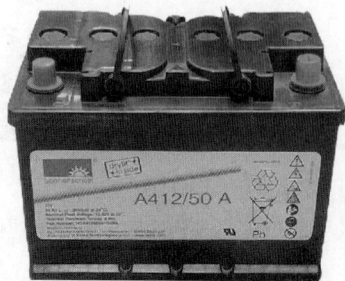

图 2-15　蓄电池

图 2-16　实训电路保险盒或熔断器

接线前,先用数字万用表蜂鸣挡检查保险输入和输出端是否接通,有蜂鸣声才能接线。

(3)单挡开关(S),如图 2-17 圆圈所示。

图 2-17　实训电路单挡开关

2 个接线螺钉,1 个与输入端相连,另 1 个与输出端相连。

用数字万用表蜂鸣挡检测开关是否正常:拔起有蜂鸣声是接通,按下无蜂鸣声是断开。

(4)灯(HL),如图 2-18 所示。

输入线螺钉 1 个(如图 2-18 右侧圆圈所示),输出线螺钉(如图 2-18 左侧圆圈所示)已接负极搭铁。用蜂鸣挡简易测量灯是否正常。若读数为溢出"1",说明灯已损坏,不能连接。

(5)负极搭铁,如图 2-19 所示。

图 2-18　实训电路的灯

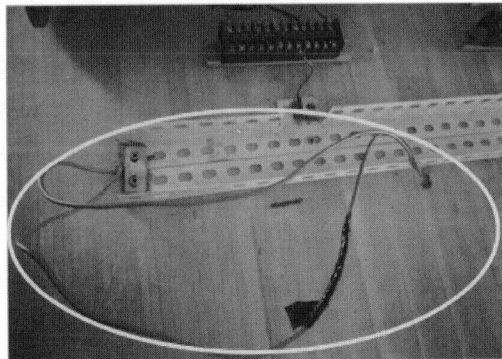

图 2-19　实训电路负极搭铁

圆圈内导线为电路板上公用负极,是电路的参考点,电位为 0,接蓄电池负极。

五、实训步骤

(一)电路元件检测

(1)选择工具:数字万用表。

(2)检测工具:通过直观检查和通电检查,判断数字万用表状态是否正常。

①直观检查:打开数字万用表的电源开关,观察显示屏是否正常显示数值,有无电池符号▭。若显示屏出现电池符号▭,表明数字万用表的 9V 电池电压不足,需要更换;若显示屏无电池符号▭,表明电池电量充足,不需要更换。

检查万用表常用挡位显示屏能否正常显示数值。将万用表功能量程旋钮开关调至交直流电压挡、交直流电流挡时应显示3个"0"；调至蜂鸣挡和电阻挡时应显示"1"。

②选择挡位：将功能量程旋钮开关调至蜂鸣挡；

③插入表笔：红表笔插入VΩ孔，黑表笔插入COM孔。

④检查蜂鸣器是否鸣响：将红、黑表笔短接，通过蜂鸣器是否鸣响判断万用表状态是否正常。

(3)检测导线通断：将红、黑表笔分别放置在导线两端测量一次，稳定后读数。有蜂鸣声则导线通，无蜂鸣声则导线断。

(4)检测熔断器通断：将红、黑表笔分别放置在熔断器输入(粗线相连螺钉)和输出端(细线相连螺钉)测量，有蜂鸣声则通，无蜂鸣声则断。

(5)检测开关是否正常：将红、黑表笔分别放置在单挡开关两个螺钉拔起和按下测量两次，拔起有蜂鸣声是接通，按下无蜂鸣声是断开。开关一通一断是正常状态。

(6)检测灯是否正常：用蜂鸣挡简易测量，将红、黑表笔分别放置在灯输入线螺钉和输出线螺钉测量。若读数为"1"，说明灯损坏，不能使用。

(7)检测蓄电池电压：重新选择直流电压20，红表笔接蓄电池正极，黑表笔接蓄电池负极测量，稳定后读数。蓄电池正常电压约12V。

(二)电路连接步骤

(1)连线。

①第一根：选带圈红色导线一端连接熔断器输入端。

②第二根：连接熔断器输出端到单挡开关输入端。

③第三根：连接单挡开关输出端到灯输入端。

(2)检查连线：对照电路图，仔细检查实物电路，确保连线准确无误，导线摆放整齐。

(3)连接蓄电池：熔断器输入端接蓄电池正极，负极搭铁线接蓄电池负极。

(三)线路连接检验

将开关S闭合(接通)，灯HL亮；将开关S断开，灯HL熄灭。

由此判断线路连接正常，工作正常。

(四)电路测量

电路测量要求是测量前先连接好电路，并检查保证电路正常。在开关S接通和断开状态下，对电路进行电位、灯两端电压和电流测量，并对测试数据进行简单分析。

1. 直流电位、灯两端电压测量步骤

测量前先连接好电路，并检查保证电路正常。

(1)选择挡位：选择直流电压挡20。

(2)插入表笔：红表笔插入VΩ孔，黑表笔插入COM孔。

(3)直流电位测量。

①如图2-20所示，将黑表笔(负极)接于蓄电池负极(即7点)，红表笔(正极)分别接于1点、2点、3点、4点、5点与6点，按下单挡开关S，稳定后读数，共测量6次。

②将黑表笔(负极)接于蓄电池负极(即7点)，红表笔(正极)分别接于1点、2点、3点、

4点、5点与6点,拔起单挡开关S,稳定后读数共测量6次。

【例2-3】　3点电位的测量如图2-20所示。万用表读数为12.0V。

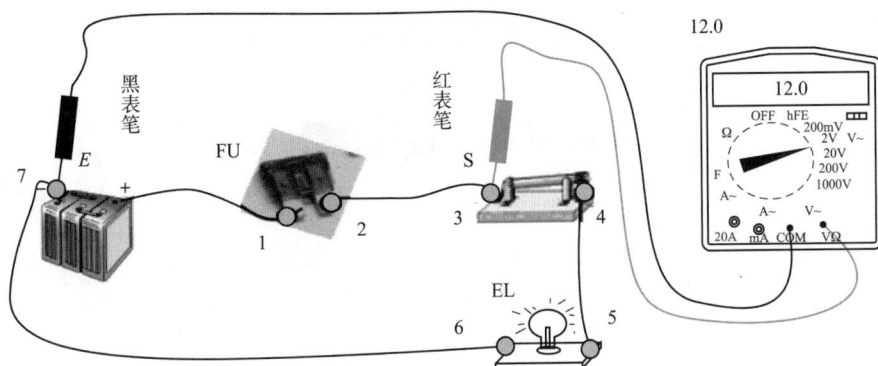

图2-20　3点电位的测量示例

(4)灯泡两端电压测量(图2-21)。

①将黑表笔(负极)接于灯输出端(即6点),红表笔(正极)接于灯输入端(即5点),按下单挡开关S,稳定后读数测量1次。

②将黑表笔(负极)接于灯输出端(即6点),红表笔(正极)接于灯输入端(即5点),拔起单挡开关S,稳定后读数测量1次。

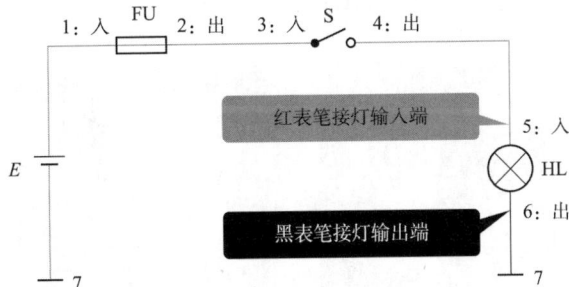

图2-21　灯两端电压测量电路图

图2-22a)中开关按下灯电压为0V,图2-22b)中开关拔起电压为10.22V。

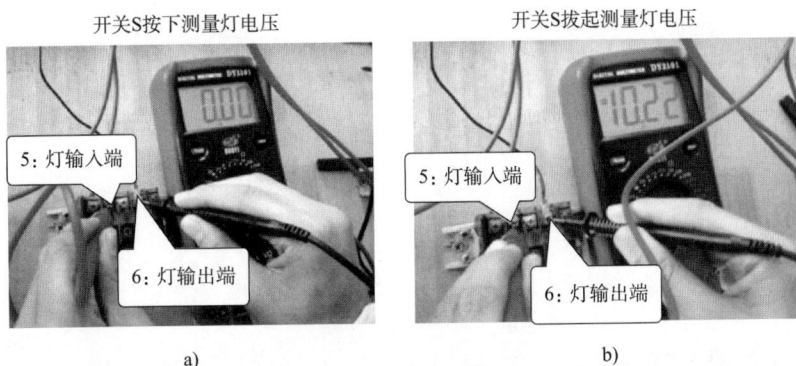

图2-22　灯两端电压测量实物图

2. 直流电流测量步骤

直流电流测量电路图如图 2-23 所示。

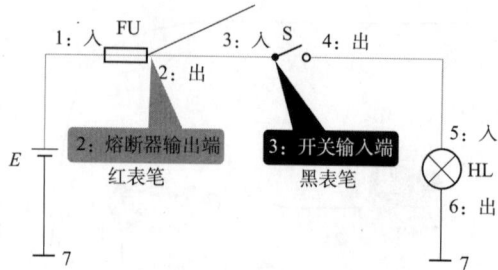

图 2-23　直流电流测量电路图

（1）重新选择挡位：选择直流电流挡 20；

（2）重新插入表笔：红表笔插入 20A，黑表笔插入 COM 孔；

（3）直流电流测量：先断开蓄电池负正极，再断开电路 3 点连线（单挡开关 S 进线），连接蓄电池正负极，红表笔接于熔断器 FU 输出端（2 点），黑表笔接于单挡开关 S 输入端（3 点），开关 S 按下和拔起测量 2 次，稳定后读数。

红表笔接熔断器输出端（2 点），图 2-24 左侧圆圈所示位置，黑表笔接开关进端（3 点），图 2-24 右侧圆圈所示位置。

图 2-24a）中开关按下测量电流为 0A。

图 2-24b）中开关拔起测量电流为 1.63A。

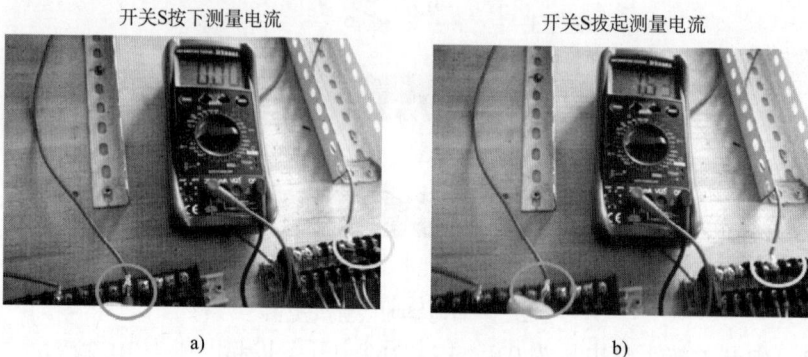

图 2-24　直流电流测量实物图

（五）线路拆卸

电路和仪表复位，现场 6S 整理。

（1）拆卸蓄电池：先负后正；

（2）拆卸其他导线；

（3）器材整理。

六、电路分析

（1）状态 1 如图 2-25a）所示。

开关 S 断开，灯 HL 不亮，电路不通，无电流流动 $I=0$，电路中 1 点、2 点和 3 点电位相等,大小等于 E,电路中 4 点、5 点和 6 点电位相等,大小等于 0。

(2)状态 2 如图 2-25b)所示。

开关 S 接通,灯 HL 亮。电路通路,有电流,电流流动方向为蓄电池正极→熔断器 FU→开关 S→灯 HL→蓄电池负极。电路中电位从 1 点到 6 点变化规律是电位逐渐降低。

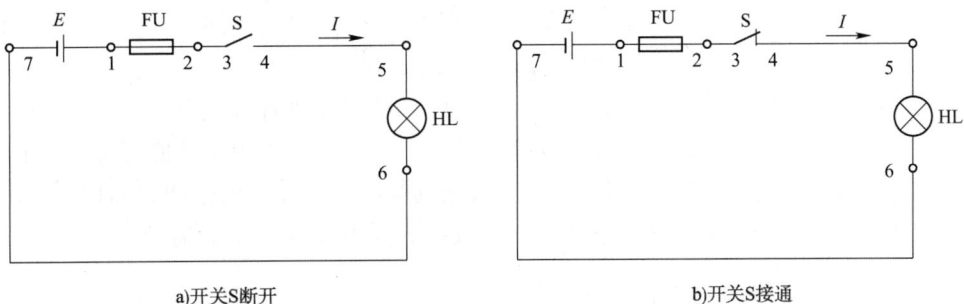

a)开关S断开   b)开关S接通

图 2-25   电路分析

任务实施

单线制简单车灯电路的连接与测量见本书所附任务工单八。

任务三   简单直流电路的读识

一、电路的状态

电路在工作时,可能处于不同的工作状态。

(1)有载状态:通路也称闭路,是指处处连通的电路。如图 2-26 所示,开关 S 闭合时,电路接通,由电流,电源与负载连通形成回路,负载正常工作。

(2)开路状态:断路,电源与负载不连接,电源处于无负载状态,也称为空载状态。如图 2-27 所示开关 S 开路时,电路中电流为 0,负载的端电压为 0。开路包括控制性开路和故障性开路。

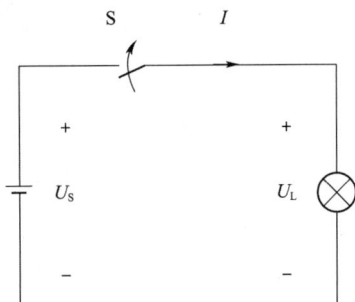

图 2-26   有载状态电路   图 2-27   开路状态电路

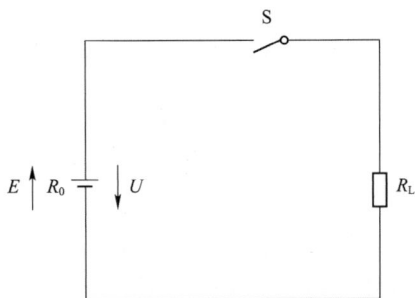

①控制性开路:利用开关将处于通路状态的电路断开。

②故障性开路:一种突发性、意想不到的断路状态。如电源与负载之间的连接线松脱,负载与导体的金属部分接触不良等。

（3）短路状态：电源未经过任何负载而直接由导线接通成闭合回路。

如图 2-28 所示，开关 S 接通，电源两端由导线直接接通，则负载被导线短接，电源的负载电阻等于 0。

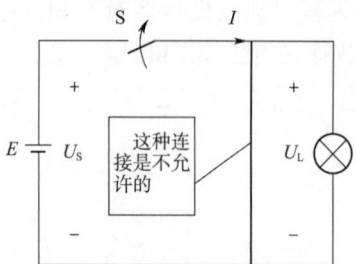

图 2-28　短路状态电路

短路时的电流很大，通过电源的电流称为短路电流 I_S。短路时负载 R_L 上的电流 $I_L = 0$，负载两端电压 $U_L = 0$，负载端功率 $P_L = 0$。

短路可能由导线的绝缘损坏而两线相碰，或因接线错误等意外情况引起。电源短路时可在短时间内烧毁电源等设备，或者使机械设备产生很大的机械冲力而损坏。因此，短路是一种故障状态，在电路中应极力避免。

二、用电设备（负载）的工作状态

为了保证电器元件和设备能长期安全工作，通常规定了最高工作温度。工作温度取决于热量，而热量又由电流、电压或功率决定，所以，通常把用电设备长期安全工作时允许的最大电流、电压和电功率分别叫作该用电设备的额定电流（I_N）、额定电压（U_N）、额定功率（P_N），统称为额定值。额定值反映电气设备的使用安全性，表示电气设备的使用能力。

一般元件和设备的额定值都标在其明显位置，如灯上标有的"220V　40W"和电阻上标有"100Ω　2W"等，都是它们的额定值。电动机的额定值通常标在其外壳的铭牌上，故其额定值也称铭牌数据。

用电设备在额定功率下的工作状态叫作额定工作状态，也称满载，经济合理、安全可靠；低于额定功率的工作状态叫轻载，或欠载，轻载时经济性差；高于额定功率的工作状态叫过载或超载。电器在过载状态下运行很容易被烧坏，因此，一般不允许过载。预防过载的保护器件有熔断器、热继电器等。

三、欧姆定律

1. 部分电路欧姆定律

在一段没有电源而只有电阻元件的电路中（图 2-29），通过某一导体的电流跟这段导体两端的电压成正比，跟这段导体的电阻成反比。即：

$$I = \frac{U}{R}$$

变形公式：　　　$U = IR$　　$R = \frac{U}{I}$　　　　　（2-3）

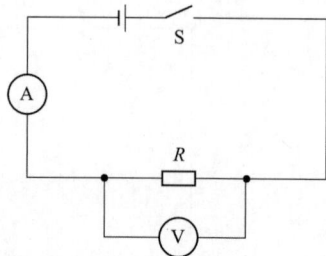

图 2-29　部分电路

式中：I——通过导体的电流，国际单位制单位 A；

U——导体两端电压，国际单位制单位 V；

R——导体的电阻，国际单位制单位 Ω。

在电路电压一定的情况下，电路的电阻越大，电路中的电流就越小。

【例 2-4】　一电阻两端加 15V 电压时，通过 3A 的电流，若在电阻两端加 18V 电压时，通过它的电流为多少？

解：
$$R = U/I = 15\text{V}/3\text{A} = 5\Omega$$
$$I = U/R = 18\text{V}/5\Omega = 3.6\text{A}$$

【例 2-5】　某电阻两端电压为 12V，流过该电阻的电流为 3mA，求该电阻的阻值。

解：
$$R = U/I = 12\text{V}/3\text{mA} = 4\text{k}\Omega$$

【例 2-6】　已知某电阻的阻值为 5kΩ，流过它的电流为 10mA，求该电阻上的电压。

解：
$$U = IR = 10\text{mA} \times 5\text{k}\Omega = 50\text{V}$$

2. 全电路（图 2-30）欧姆定律

（1）相关名词术语。

①内电路：电源内部的电路，由电动势 E 和内阻 r 组成。

②内阻：内电路的电阻，通常用 r 表示。

③外电路：电源外部的电路。

④全电路：内电路和外电路总称。

⑤内电压：当电路中有电流通过时，内电路两端的电压叫内电压，用 U_0 表示。

⑥外电压：外电路两端的电压叫外电压，也叫路端电压，用 U 表示。

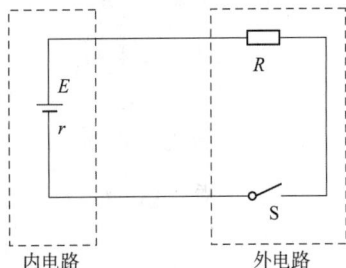

图 2-30　全电路

（2）全电路欧姆定律是指：闭合电路的电流跟电源的电动势成正比，跟内、外电路的电阻之和成反比。用公式表示为：

$$I = \frac{E}{R + r}\text{或}\ E = Ir + IR \tag{2-4}$$

式中：E——电源的电动势，国际单位制单位 V；

　　　R——外电路电阻，国际单位制单位 Ω；

　　　r——内电路电阻，国际单位制单位 Ω；

　　　I——电路中的电流，国际单位制单位 A。

常用的变形式：$E = I(R + r)$；$E = U + U_0$；$U = E - Ir$。

式中，$U = IR$ 是外电压，$U_0 = Ir$ 是内电压。

电源的电动势等于路端电压与内阻电压降之和。或者说，电源所具有的电能通过电路被负载吸收（转换成其他能）和内阻消耗（发热），这就是能量守恒定律在全电路中的一种表述。

【例 2-7】　如图 2-31 所示，电源电动势 $E = 6\text{V}$，内阻 $r = 0.5\Omega$，外接负载电阻 $R = 9.5\Omega$，求电流 I、路端电压 U 和内压降 U_0。

解：
$$I = E/(r + R) = 6/(0.5 + 9.5) = 6/10 = 0.6\text{A}$$
$$U = IR = 0.6 \times 9.5 = 5.7\text{V}$$
$$U_0 = Ir = 0.6 \times 0.5 = 0.3\text{V}$$

【例 2-8】　如图 2-32 所示，电源电动势为 6V，外接负载电阻 $R = 9.5\Omega$，其路端电压 U 为 5.7V，求电流 I 和电源的内阻 r。

解：
$$I = U/R = 5.7/9.5 = 0.6\text{A}$$
$$U_0 = E - U = 6 - 5.7 = 0.3\text{V}$$
$$r = U_0/I = 0.3/0.6 = 0.5\Omega$$

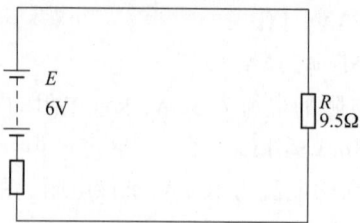

图 2-31　全电路①　　　　　　　　　　图 2-32　全电路②

四、电阻的串联、并联和混联电路

1. 电阻的串联电路

（1）串联电路的定义：将两个或两个以上电路元件（如电阻、电容、电感，用电器等）首尾依次相连组成无分支的电路，称为串联电路，n 个电阻的串联电路如图 2-33 所示。

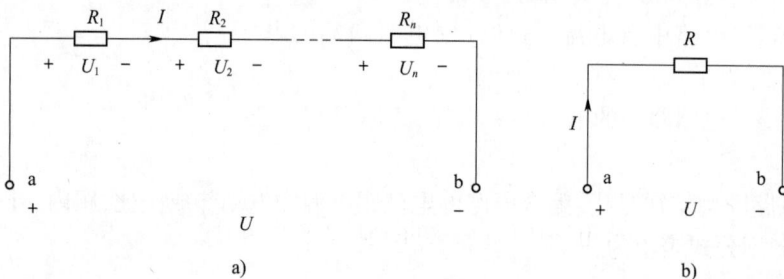

图 2-33　电阻的串联

（2）串联电路的特点：

①串联电路中电流处处相等，即 $I_1 = I_2 = I_3 = \cdots = I$；

②电源两端的总电压等于各电阻两端的分电压之和，即 $U = U_1 + U_2 + U_3 + \cdots U_n$；

③串联电阻上电压的分配与电阻成正比；

④电路的总电阻（等效电阻）等于各串联电阻之和，总电阻值最大，大于任何一个分电阻，即 $R = R_1 + R_2 + R_3 + \cdots R_n$。

2. 电阻的并联电路

（1）并联电路的定义：两个或两个以上电路元件（如电阻、电容、电感、用电器等）并列的连接方式称为电路并联。n 个电阻的并联电路如图 2-34 所示。

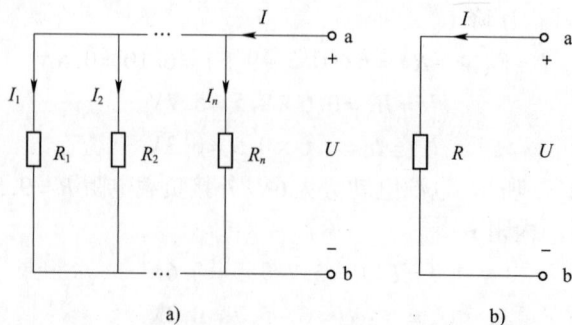

图 2-34　电阻的并联

（2）并联电路的特点：

①并联电阻两端的电压相等，并等于总电压即 $U_1 = U_2 = U_3 = \cdots U_n$；

②并联电路的总电流等于各支路电流之和，即 $I = I_1 + I_2 + I_3 + \cdots I_n$；

③并联电路中，流过各电阻的电流与其电阻值成反比；

④并联电路的总电阻的倒数等于各并联电阻倒数之和，总电阻最小，小于任何一个分电阻，即

$$\frac{1}{R} = \frac{1}{R_1} + \frac{1}{R_2} + \frac{1}{R_3} + \cdots + \frac{1}{R_n}$$

汽车上电气设备多数采用并联，但是开关与电气设备是串联。

3. 电阻的混联

实际应用中经常会遇到既有电阻串联又有电阻并联的电路，称为电阻的混联电路，如图 2-35 所示。

分析混联电路，必须先清楚混联电路中各电阻之间的连接关系。根据串并联电路的特点，求出各支路的串联和并联部分的等效电阻，然后求出电路的总电阻。

串联和并联是电路连接两种最基本的形式。要判断电路中各元件之间是串联还是并联，就必须抓住它们的基本特征，具体方法是：

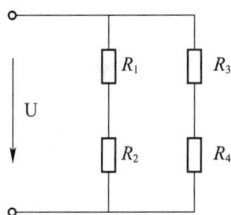

图 2-35　电阻混联电路

（1）用电器连接法：分析电路中电路元件的连接方法，逐个顺次连接的是串联，并列在电路两点之间的是并联。

（2）电流流向法：当电流从电源正极流出，依次流过每个元件的则是串联，当在某处分开流过两个支路，最后又合到一起，则表明该电路为并联。

（3）去除元件法：任意去掉一个电路元件，判断其他电路元件是否正常工作，如果所有电路元件都被去掉过，而且其他电路元件都可以继续工作，那么这几个元件的连接关系是并联，否则为串联。

【例 2-9】　已知：$R_1 = 2\Omega$，$R_2 = 8\Omega$，求两电阻串联等效电阻（总电阻）和两电阻并联等效电阻（总电阻）。

解：两电阻串联等效电阻：

$$R_{串} = R_1 + R_2 = 2 + 8 = 10\Omega$$

两电阻并联等效电阻：

$$R_{并} = R_1 // R_2 = 2 // 8 = (2 \times 8)/(2 + 8) = 1.6\Omega$$

【例 2-10】　已知：$R_1 = R_2 = R_3 = R_4 = 4\Omega$，求四个电阻串联等效电阻和四个电阻并联等效电阻。

解：四个电阻串联等效电阻：

$$R_{串} = R_1 + R_2 + R_3 + R_4 = 4 + 4 + 4 + 4 = 16\Omega$$

或

$$R_{串} = R_1 \times 4 = 4 \times 4 = 16\Omega$$

四个电阻并联等效电阻：

$$R_{并} = R_1 // R_2 // R_3 // R_4 = 4 // 4 // 4 // 4 = 4/(1 + 1 + 1 + 1) = 1\Omega$$

或

$$R_{并} = R_1/4 = 4/4 = 1\Omega$$

任务四　基尔霍夫定律及应用

基尔霍夫定律是电路中电压和电流所遵循的基本规律,是分析和计算较为复杂电路的基础,1845 年由德国物理学家基尔霍夫提出。基尔霍夫(电路)定律包括基尔霍夫电流定律(KCL)和基尔霍夫电压定律(KVL)。基尔霍夫定律既适用于直流电路,也适用于交流电路。

学习基尔霍夫定律之前,先了解复杂电路的基本概念。

一、复杂电路基本概念

如图 2-36 所示为复杂电路,不能用串并联简化电路。

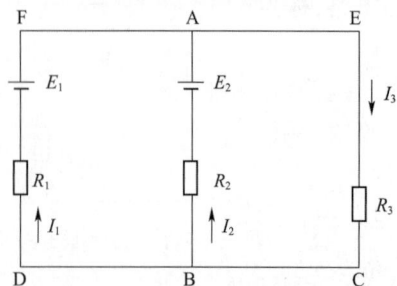

图 2-36　复杂电路

(1)支路:一个或几个元件首尾相接构成的无分支电路。电路中的每一个分支串联的元件我们视它为一条支路。一条支路流过一个电流,称为支路电流。

如图 2-36 中有三条支路,分别是 AFD、AB 和 AEC。支路 AFD、AB 中含有电源,称为有源支路。支路 AEC 中不含电源,称为无源支路。

(2)节点:电路中三条或三条以上支路的连接点称为节点。

在图 2-36 中的电路中共有两个节点:A 点和 B 点。

(3)回路:由支路组成的闭合路径。电路中的任一闭合路径,可以由一条或多条支路组成。

在图 2-36 中有三个回路,分别是 ABDFA、AECBA、FAECBDF。

(4)网孔:回路内部不包含任何支路的回路。网孔一定是回路,但回路不一定是网孔。

在图 2-36 中 ABDFA 和 AECBA 都是网孔,而 FAECBDF 则不是网孔。

二、基尔霍夫电流定律

基尔霍夫第一定律又称基尔霍夫电流定律,简记为 KCL。基尔霍夫电流定律是确定电路中任意节点处各支路电流之间关系的定律,因此又称为节点电流定律。

(1)基尔霍夫电流定律:电路中任一个节点,在任一时刻流入节点的电流之和等于流出节点的电流之和。

如图 2-37 所示,各支路电流的参考方向已选定并标在图上。

对于节点 A,流入电流的有 I_1 和 I_4,流出电流的有 I_2 和 I_3,那么根据基尔霍夫电流定律(KCL)可写出:

$$I_1 + I_4 = I_2 + I_3$$

写出一般表达式:$\sum I_入 = \sum I_出$

将 $I_1 + I_4 = I_2 + I_3$ 表达式进行变换:$I_1 + I_4 - I_2 - I_3 = 0$

也可表示为:$I_1 + I_4 + (-I_2) + (-I_3) = 0$

假设流入节点的电流为正值,而流出节点的电流为负

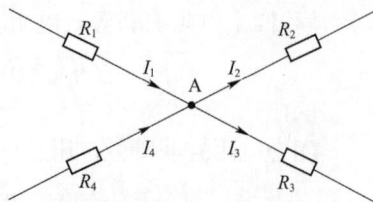

图 2-37　节点 A 处的电流

值(或者做相反的规定),则该定律还可以表述为任一时刻,电路中流经任一节点电流的代数和恒等于零,即:$\sum I = 0$。

基尔霍夫电流定律反映了电流有连续性原理,即电荷守恒的逻辑推论。

(2)基尔霍夫电流定律的推广:KCL定律不仅适用于电路中的节点,还可以推广应用于电路中的任一不包含电源的假设的封闭面。即在任一瞬间,通过电路中任一不包含电源的假设封闭面的电流代数和为零。

如图 2-38 所示,其为某电路中的一部分,选择封闭面如图中虚线所示,在所选定的参考方向下有:

$$I_1 + I_6 + I_7 = I_2 + I_3 + I_5$$

用一封闭面包围住 3 个电流(图 2-39),把封闭看作是一个扩大的节点,应用 KCL 可得 3 个电流之间的关系为:

$$I_A + I_B + I_C = 0$$

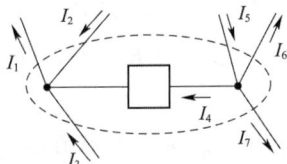

图 2-38　KCL 定律的推广图　　图 2-39　KCL 定律推广平面图

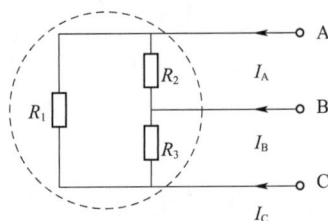

在列写节点电流方程时,各电流变量前的正、负号取决于各电流的参考方向对该节点的关系(是"流入"还是"流出");而各电流值的正、负则反映了该电流的实际方向与参考方向的关系(是相同还是相反)。

【例 2-11】　如图 2-40 所示电路,电流的参考方向已标明。若已知 $I_1 = -2A, I_2 = -4A, I_4 = 6A, I_5 = 3A$,试求 I_3。

解:对于节点 A:

流入电流为 I_2、I_3、I_5。

流出电流为 I_1 和 I_4。

根据基尔霍夫电流定律(KCL)可写出:

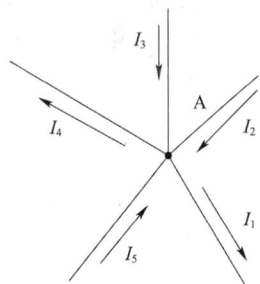

图 2-40　例 2-11 图

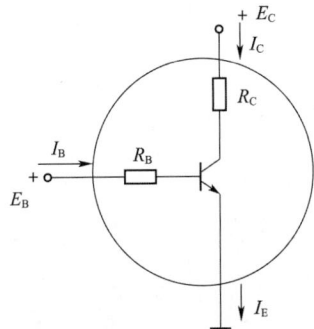

$$I_2 + I_3 + I_5 = I_1 + I_4$$

$$I_3 = I_1 + I_4 - I_2 - I_5 = (-2) + 6 - (-4) - 3 = 5A$$

【例 2-12】　如图 2-41 所示电路,已知 $I_C = 1.5mA, I_E = 1.54mA$,试求 I_B。

解:用一封闭面包围住 3 个电流,把封闭面看作是一个扩大的节点,应用 KCL 可得 3 个电流之间的关系为:

图 2-41　例 2-12 图

$$I_B + I_C = I_E$$

$$I_B = I_E - I_C = 1.54mA - 1.5mA = 0.04mA = 40\mu A$$

三、基尔霍夫电压定律

基尔霍夫第二定律又称基尔霍夫电压定律,简称为 KVL。基尔霍夫电压定律是确定电路中任意回路内各电压之间关系的定律,因此又称为回路电压定律。

(1)基尔霍夫电压定律是指:任一回路中,任一时刻从一点出发绕回路一周回到该点时,各支路电压的代数和等于零。数学式表达:$\sum U = 0$。

【例2-13】 如图2-42所示电路,选定绕行方向。按图选定各元件电压的参考方向,从a点出发绕行一周有:

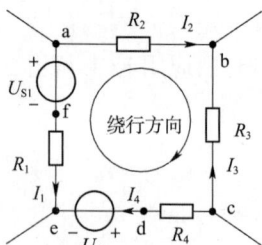

$$U_{ab} + U_{bc} + U_{cd} + U_{de} + U_{ef} + U_{fa} = 0 \qquad (2-5)$$

式中:$U_{ab} = I_2 R_2$;$U_{bc} = -I_3 R_3$;$U_{cd} = I_4 R_4$

$$U_{de} = U_{s4};U_{ef} = -I_1 R_1;U_{fa} = -U_{s1}$$

把各元件的电压和电流的约束关系代入式中,可得 KVL 的另一表达式:

$$I_2 R_2 + (-I_3 R_3) + I_4 R_4 + U_{s4} + (-I_1 R_1) + (-U_{s1}) = 0$$

图2-42 例2-13图

整理后得:$I_2 R_2 - I_3 R_3 + I_4 R_4 - I_1 R_1 = U_{s1} - U_{s4}$

可归纳为:

$$\sum RI = \sum U_s$$

可以将上式描述为:任一回路内,电阻上电压的代数和等于电源电压的代数和。

(2)列 KVL 方程的一般步骤:

①首先指定回路的绕行方向是顺时针或逆时针;

②设定各支路电压的参考方向;

③列方程。首先比较元件电压参考方向和回路绕行方向是否相同,当元件电压参考方向与回路绕行方向一致时,电压取"+",反之取"-";电压源的参考方向与回路绕行方向一致时,电压源 U_s 取"+",反之取"-";电阻电流的参考方向与回路绕行方向一致时,I_R 取"+",反之取"-"。

(3)基尔霍夫电压定律的推广:

基尔霍夫电压定律不仅适应闭合回路,也适合不闭合的开口回路。如图2-43所示电路中 a、b 两端开口,则可设其端口电压为 U_{ab}(开口电压),从而形成一个假想的回路,称为广义回路。

按绕行方向可得: $U_{ab} + IR - U_s = 0$

则 $U_{ab} = U_s - IR$ (2-6)

该式表明,开口电路两端的电压等于该两端点之间各段电压降之和。

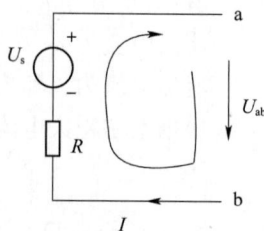

图2-43 开口电路

【例2-14】 如图2-44所示电路,列出其电压方程。

解:选定各元件电压的参考方向和绕行方向(顺时针),从a点出发绕行一周 abcdea:

$\sum U = 0$

则

$$U_{ac} + U_{ce} + U_{ea} = 0$$

$$U_{ac} = U_{ab} + U_{bc} = R_1 I_1 + E_1$$

$$U_{ce} = U_{cd} + U_{de} = -R_2I_2 - E_2$$
$$U_{ea} = R_3I_3$$

即 $\quad R_1I_1 + E_1 - R_2I_2 - E_2 + R_3I_3 = 0$

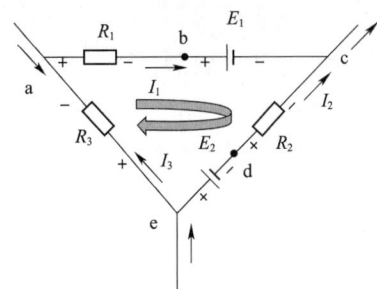

图 2-44 例 2-14 图

四、基尔霍夫定律应用(支路电流法)

(1)支路电流法是电路分析中普遍适用的求解方法,它可以在不改变电路结构的情况下,以各支路电流为待求量,利用基尔霍夫电压定律和基尔霍夫电流定律列出电路的方程式,从而求解出各支路电流。

(2)支路电流法的解题步骤:

设电路有 b 条支路,n 个节点,b 条支路共有 b 个未知变量。

①在图中标出各支路电流的参考方向,对选定的回路标出回路绕行方向;

②应用 KCL 对节点列出 $(n-1)$ 个独立的节点电流方程;

③应用 KVL 对回路列出 $b-(n-1)$ 个独立的回路电压方程,通常可取网孔列出。对于平面电路,独立的基尔霍夫电压方程数等于网孔数。

④联立求解方程组,求出各支路电流。

【例 2-15】 假定各支路电流的参考方向如图 2-45 所示,列出方程。

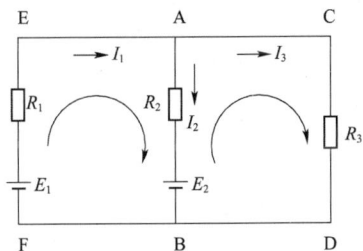

图 2-45 复杂电路

解:支路数 $m=3$;节点数 $n=2$;网孔数为 2 各支路电流的参考方向如图 2-44 所示,回路绕行方向顺时针。电路 3 条支路,因此需要 3 个方程式。

①根据 KCL 列节点电流方程:2 个节点列 1 个电流方程。

对 A 点,则

$$I_1 - I_2 - I_3 = 0 \qquad (2-7)$$

②根据 KVL 列电压方程:2 个网孔列 2 个电压方程。

对 EABFE 回路,则有: $\quad I_2R_2 + E_2 - E_1 + I_1R_1 = 0 \qquad (2-8)$

对 ACDBA 回路,则有: $\quad I_3R_3 - E_2 - I_2R_2 = 0 \qquad (2-9)$

③合并式(2-7)~式(2-9)得以下 3 个方程:

$$\begin{cases} I_1 - I_2 - I_3 = 0 \\ I_2R_2 + E_2 - E_1 + I_1R_1 = 0 \\ I_3R_3 - E_2 - I_2R_2 = 0 \end{cases}$$

【例 2-16】 如图 2-46 所示电路,已知 $E_1 = 14V$,$E_2 = 2V$,$R_1 = 2\Omega$,$R_2 = 3\Omega$,$R = 8\Omega$,求通过各支路的电流。

解:支路数 $m=3$;节点数 $n=2$;网孔数为 2。各支路电流的参考方向如图 2-46 所示,回路绕行方向顺时针。电路 3 条支路,需要求解 3 个电流未知数,因此需要 3 个方程式。

①根据 KCL 列节点电流方程:2 个节点列 1 个电流方程。

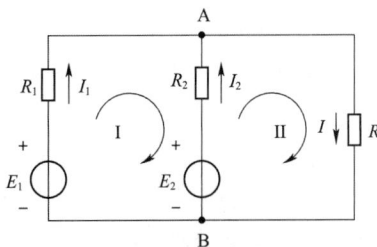

图 2-46 复杂电路

A 节点： $\qquad\qquad\qquad\qquad I_1 + I_2 = I$ $\qquad\qquad\qquad\qquad$ (2-10)

②根据 KVL 列回路电压方程:2 个网孔列 2 个电压方程。

网孔Ⅰ： $\qquad\qquad\qquad -I_2R_2 + E_2 - E_1 + I_1R_1 = 0$ $\qquad\qquad$ (2-11)

网孔Ⅱ： $\qquad\qquad\qquad\qquad IR - E_2 + I_2R_2 = 0$ $\qquad\qquad\qquad$ (2-12)

③联立上述式(2-10)~式(2-12)：

$$\begin{cases} I_1 + I_2 = I \\ -I_2R_2 + E_2 - E_1 + I_1R_1 = 0 \\ IR - E_2 + I_2R_2 = 0 \end{cases}$$

代入数据求解：

$$\begin{cases} I_1 + I_2 = I \\ -3I_2 + 2 - 14 + 2I_1 = 0 \\ 8I - 2 + 3I_2 = 0 \end{cases}$$

可得： $\qquad\qquad\qquad I_1 = 3A \qquad I_2 = -2A \qquad I = 1A$

I_1、I 的电流为正值,表明该支路电流的实际流向与参考方向相同;I_2 为负值,表示该支路电流的实际流向与参考方向相反。

📖 课后思考题

一、填空题

1. 电路是电流所流经的_____。复杂电路呈网状,所以电路又称_____。

2. _____的定向运动形成电流。科学上把单位时间里通过_____任一横截面的电量叫做_____,简称电流,表示电流强弱的物理量。

3. 在国际单位制中,电流的单位是_____,简称_____,用大写字母_____表示。

4. 在一定时间内,电路产生或消耗的_____与时间的比值叫_____。

5. 电压又称_____或_____,电压是推动电荷定向移动形成_____的原因。

6. 电路在工作时,可能处于_____、_____和_____三种不同的工作状态。

7. 全电路欧姆定律:在整个闭合电路中,_____与_____的电动势成正比,与电路的内电阻和外电阻之和成_____。

8. 基尔霍夫电流定律(节点电流定律):_____中任一个节点,在任一时刻流入节点的_____之和等于流出节点的电流之和。

9. 基尔霍夫电压定律是约束回路中各元件上_____之间关系的定律,简称_____。

10. 电能是指在一定的时间内电路元件或设备_____或_____的电能量。

二、判断题

1. 电路的组成包括电源、中间环节。 （　　）

2. 电源和用电设备之间是用两根导线构成回路,这种连接方式称为双线制。 （　　）

3. 常用的电流单位还有 kA、mA。 （　　）

4. 大小和方向都发生周期性变化的电流是交流电,用大写字母 I 表示。不随时间而变化的电流是直流电,用小写字母 i 表示。 （　　）

5. 在汽车电路中,通常用汽车底盘、车架和发动机等金属作为公用导线,也就是常说的

"搭铁",并视其为电路中的参考零点。　　　　　　　　　　　　　　　　　(　　)

6.电压、电位和电动势的单位是伏特,简称伏(V),在工程上还可用千伏(kV)、毫伏(mV)和微伏(μV)为计量单位。其换算关系为:$1kV = 5^3V$,$1mV = 5^{-3}V$,$1\mu V = 10^{-3}mV = 10^{-6}V$。　　　　　　　　　　　　　　　　　　　　　　　　　　(　　)

7.基尔霍夫定律最基本的应用是支路电流法。支路电流法是一种求解电路的方法。　　　　　　　　　　　　　　　　　　　　　　　　　　　　　　(　　)

8.基尔霍夫电压定律适应闭合回路,不可推广到不闭合的开口回路。　(　　)

9.实际应用中经常会遇到既有电阻串联又有电阻并联的电路,称为电阻的混联电路。　　　　　　　　　　　　　　　　　　　　　　　　　　　　　(　　)

10.导体的电流与它两端的电压成正比,与它的电阻成反比。在电路电压一定的情况下,电路的电阻越大,电路中的电流就越小。　　　　　　　　　　　　(　　)

三、简答题

1.什么叫电路? 电路组成有哪些部分?

2.汽车电路的特点是什么?

3.电流、电压、电动势的方向如何确定?

4.什么叫电能? 什么叫电功率?

5.在汽车电路中选哪里作为参考零电位?

6.连接单线制汽车灯电路注意事项是什么?

7.拆装汽车蓄电池正负极的正确顺序是什么?

8.写出测量单线制汽车灯电路中直流电流的步骤和直流电位和灯泡端电压的测量步骤。

9.电路的状态有哪几种? 各有什么特点?

10.写出部分电路欧姆定律和全电路欧姆定律内容及表达式。

11.基尔霍夫电流定律是指什么?

12.解释支路、节点、回路和网孔的含义。

13.基尔霍夫电压定律是指什么?

四、作图题

1.画出图2-47所示单线制电路。

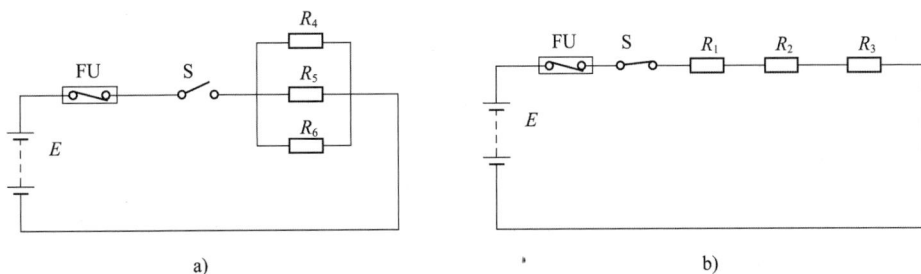

图2-47　作图题第1题图

2.画出单线制简单车灯电路,说明连接步骤。

五、计算题

1.已知某电阻上电压为12V,电阻为100Ω,求流过该电阻上的电流。

2. 已知某电阻的阻值为 $8k\Omega$，流过它的电流为 $10mA$，求该电阻上的电压。

3. 已知电源电动势为 $3V$，内阻为 0.4Ω，外接负载电阻为 9.6Ω，求电流、电阻两端电压和电源内压降。

4. 电源电动势 $E=5V$，内阻 $R_0=0.8\Omega$，外接负载电阻 $R=9.2\Omega$，求电流 I、路端电压 U 和电源内压降 U_0。

5. 一台彩色电视机额定功率是 $250W$，在平均每天使用 $3h$，求每月（以 30 天计）用电为多少千瓦时？

6. 一台电吹风的铭牌上的部分信息"$220V22W$"，说明 $220V$ 和 $22W$ 含义是什么？请根据铭牌信息求电吹风正常工作的电流为多大？

7. 已知：$R_1=R_2=R_3=R_4=8\Omega$，求四个电阻串联等效电阻和四个电阻并联等效电阻。

8. 如图 2-48 所示电路电流的参考方向已标明。若已知 $I_1=2A,I_2=-5A,I_3=3A,I_4=-8A$，试求电流 I_5。

9. 如图 2-49 所示电路参考方向及绕行方向，已知 $U_1=10V,U_2=-15V,U_3=20V$，求 U_4。

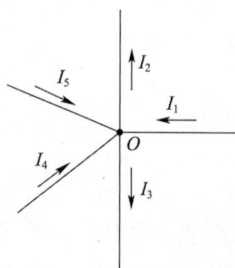

图 2-48　计算题第 8 题图　　　图 2-49　计算题第 9 题图

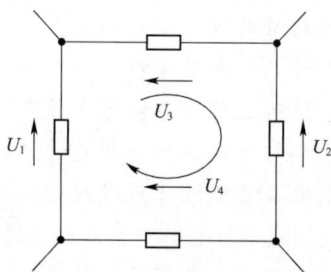

10. 如图 2-50 所示电路。已知 $E_1=18V,E_2=9V,R_1=R_2=1\Omega,R_3=4\Omega$，求通过各支路的电流。

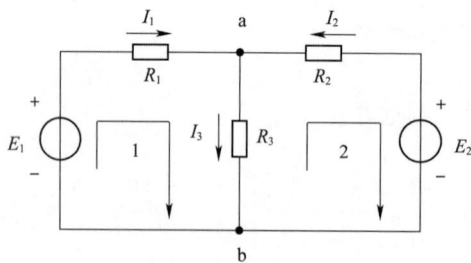

图 2-50　计算题第 10 题图

项目三　电路基本元件

项目描述

　　基本元件是电路中基本的组成部分,也是汽车电路和汽车电气设备中重要的组成元件,掌握相关的基础知识可以更好地了解汽车电气和电控的知识。

　　万用表是常用的电工仪表之一,在汽车检测中万用表是常用的检测工具。本项目着重介绍了使用万用表检测元件的方法,使学生能够正确地认识电工的基本元件,帮助学生快速掌握电阻、电容、变压器和继电器等元件的构造及工作原理;熟练使用万用表判断电阻、电容、变压器和继电器的好坏。

知识目标

　　(1)了解电阻的种类、作用、符号和表示方法,掌握电阻的检测方法;

　　(2)了解电容的种类、作用、符号和表示方法,掌握万用表检测电容的方法;

　　(3)了解电感元件的种类、作用、符号和表示方法,掌握变压器检测方法;

　　(4)掌握电磁继电器的作用、结构、符号和检测方法,理解继电器的原理;

　　(5)进一步熟悉万用表检测导线、熔断器、开关、蓄电池的方法;掌握单线制继电器控制车灯电路的连接步骤和测量。

技能目标

　　(1)能识别固定电阻和使用万用表测量电阻,并能准确读出数值;

　　(2)能识读电容容量及电解电容极性,能使用万用表去测量电容器和变压器是否正常,并能准确读出数值;

　　(3)能用万用表去检测继电器通断,并能准确读出数值初步判断好坏;

　　(4)能用万用表检测电路的蓄电池、保险、开关、导线、灯和继电器是否正常,能根据电路图正确连接电路,测量具体电路中电位。

任务一　电阻的认知和检测

一、电阻的概述

导体对电流的阻碍作用叫作电阻,利用这种阻碍作用做成的元件称电阻器,简称电阻。

电阻是导体本身的一种性质。导体的电阻越大,表示导体对电流的阻碍作用越大。电阻是导体本身的一种性质,不同的导体,电阻一般不同。电阻的主要物理特征是变电能为热能,它是一个耗能元件。在电路中,电阻器的作用主要是稳定和调节电路中的电流和电压,即降压、分压、限流、分流、隔离、过滤(与电容器配合)、匹配和信号幅度调节等。

电阻的文字符号:R。图形符号:—□— 和 —〜—。

在国际单位制中,电阻的单位是欧姆,简称欧,用希腊字母“Ω”表示。常用的电阻单位还有千欧姆(kΩ),兆欧姆(MΩ)。

换算关系:$1M\Omega = 10^3 k\Omega = 10^6 \Omega$。

在电路原理图中为了简便,一般将电阻值中的“Ω”省去,凡阻值在千欧以下的电阻,直接用数字表示;阻值在千欧以上的,用“k”表示;兆欧以上的用“M”表示。

二、电阻定律

导体电阻是由它本身物理条件决定的。金属导体的电阻由它的长短、粗细、材料的性质和温度决定。

在保持温度不变的条件下,导体的电阻跟导体长度 L、电阻率 ρ 成正比,跟导体的横截面积 S 成反比。

$$R = \rho \frac{L}{S} \tag{3-1}$$

式中:ρ——制成电阻的材料电阻率,国际单位制单位 $\Omega \cdot m$;

L——绕制成电阻的导线长度,国际单位制单位 m;

S——绕制成电阻的导线横截面积,国际单位制单位 m^2;

R——电阻值,国际单位制单位 Ω。

温度对导体电阻的影响:温度升高,一方面自由电子移动受到的阻碍增加,不易导电;另一方面物质中带电质点数目增多,更易导电。随着温度升高,导体的电阻是增大还是减少,看哪一种因素的作用占主要地位。

三、电阻器的主要参数

电阻器的主要参数有标称阻值、阻值误差、额定功率、最高工作温度、最高工作电压、噪声、温度特性和高频特性等。通常在选用电阻器时,只考虑标称阻值、阻值误差和额定功率3项。对有特殊要求的电阻器,需要考虑其他指标。

1. 标称阻值

电阻器上所标的阻值即标称阻值。标称阻值按国家标准标注。

2. 阻值误差

阻值误差也称允许误差,阻值误差为电阻器的实际值与标称值的差值除以标称阻值所得的百分数。普通电阻器的误差分为3个等级,即阻值误差≤±5%称Ⅰ级;阻值误差≤±10%称Ⅱ级;阻值误差≤±20%称Ⅲ级。误差越小,表明电阻器的精度越高。由于制造技术的发展,电阻器的阻值误差在±5%以内。

四、电阻器阻值标示方法

电阻器的标称阻值一般都标在电阻体上,其标示方法有四种:直标法、文字符号法、数码法和色标法。

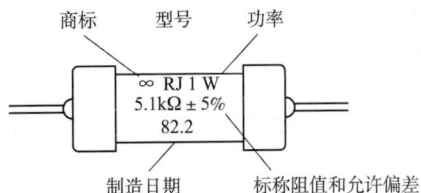

图 3-1　电阻直标法

1. 直标法

用数字和单位符号在电阻器表面标出阻值、功率,其允许误差直接用百分数表示,若电阻上未注偏差,则均为 ±20%。这种标注方法用于体积较大的元件上(图 3-1)。

【例 3-1】　图 3-1 中该电阻阻值为 5.1kΩ,误差为 ±5%,功率为 1W。

2. 文字符号法

用阿拉伯数字和文字符号两者有规律的组合来表示标称阻值,其允许偏差用文字符号表示:B(±0.1%)、C(±0.25%)、D(±0.5%)、F(±1%)、G(±2%)、J(±5%)、K(±10%)、M(±20%)、N(±30%)。符号前面的数字表示整数阻值,后面的数字依次表示第一位小数阻值和第二小数阻值,如图 3-2 所示。

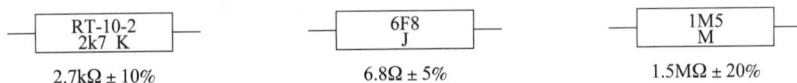

图 3-2　文字符号法

3. 数码法

在电阻器上用三位数码表示标称值的标志方法称数码法。数码法从左到右依次为,第一、二位为有效值,第三位为指数,即零的个数,单位为欧(Ω)。偏差通常采用文字符号表示:B(±0.1%)、C(±0.25%)、D(±0.5%)、F(±1%)、G(±2%)、J(±5%)、K(±10%)、M(±20%)、N(±30%),如图 3-3 所示。

图 3-3　数码法

4. 色标法

用不同颜色带或点在电阻器表面标出标称阻值和允许偏差。国外电阻大部分采用色标法。

(1)四环电阻:两位有效数字的表示方法,如图 3-4 所示。

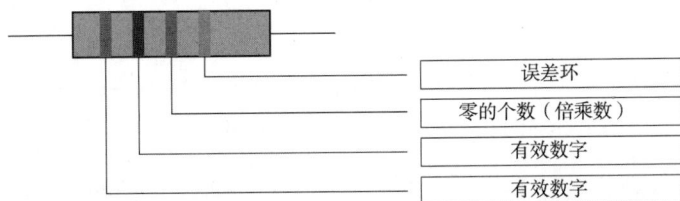

图 3-4　四环电阻

四环电阻色环符号的意义见表3-1。

电阻色环符号的意义 表3-1

颜　　色	第一色环第一位数	第二色环第二位数	第三色环第三位数	第四色环允许误差
棕	1	1	10^1	±1%
红	2	2	10^2	±2%
橙	3	3	10^3	
黄	4	4	10^4	
绿	5	5	10^5	±5%
蓝	6	6	10^6	±0.25%
紫	7	7	10^7	±0.1%
灰	8	8	10^8	
白	9	9	10^9	
黑	0	0	10^0	
金色				±5%
银色				±10%
无色				±20%

当电阻为四环时,最后一环必为金色或银色,前两位为有效数字,第三位为乘方数,第四位为偏差。普通电阻器大多用四色环色标法来标注。

例如:一个电阻器上面的四条色带的颜色,从左到右依次为红、紫、橙、金,可知其阻值为 $27 \times 10^3 = 27 \text{k}\Omega$,允许偏差为 ±5%。

【例3-2】 四环电阻如图3-5所示。$R = 25 \times 10^2 = 2.5 \text{k}\Omega$,误差是 ±5%

(2)五环电阻:三位有效数字的表示方法,精密电阻器大多用五色环色标法来标注。

当电阻为五环时,最后一环与前面四环距离较大。前三位为有效数字,第四位为乘方数,第五位为偏差。(图3-6)

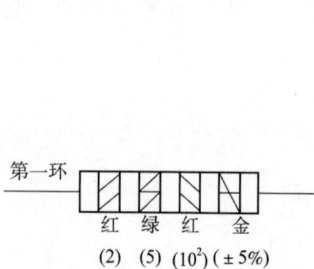

误差环
零的个数(倍乘数)
有效数字
有效数字
有效数字

第一环

红 绿 红 金
(2) (5) (10^2) (±5%)

图3-5　例3-2 四环电阻

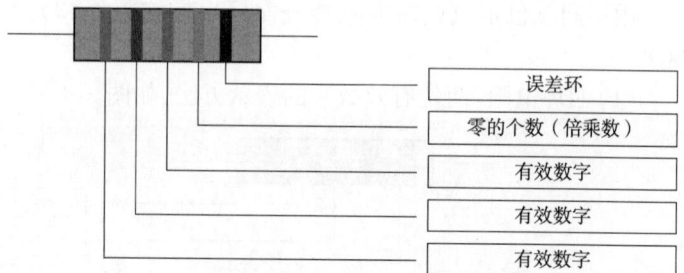

图3-6　五环电阻

五环电阻色环符号的意义,见表3-2。

电阻五色环符号的意义　　　　　　表 3-2

颜色	每一段	第二段	第三段	乘数	误差	
黑色	0	0	0	1		
棕色	1	1	1	10	±1%	F
红色	2	2	2	100	±2%	G
橙色	3	3	3	1k		
黄色	4	4	4	10k		
绿色	5	5	5	100k	±0.5%	D
蓝色	6	6	6	1M	±0.25%	C
紫色	7	7	7	10M	±0.10%	B
灰色	8	8	8		±0.05%	A
白色	9	9	9			
金色				0.1	±5%	J
银色				0.01	±10%	K
无					±20%	M

【例 3-3】　一个电阻器五条色带的颜色从左到右依次为棕、紫、绿、金、银,可知其阻值为 $175 \times 10^{-1} = 17.5\Omega$,允许偏差为 $\pm 10\%$。

五、电阻器的分类

电阻器种类很多,按阻值特性分为固定电阻、可调电阻、特种电阻(敏感电阻);按制造材料分为碳膜电阻、金属膜电阻、线绕电阻,无感电阻,薄膜电阻等;按功率分为 1/16W、1/8W、1/4W、1/2W、1W、2W 等;按用途分为精密电阻、高压电阻、大功率电阻、熔断电阻、热敏电阻、光敏电阻、压敏电阻等。

1. 碳膜电阻(RT)

碳膜电阻(图 3-7)是用有机黏合剂将碳墨、石墨和填充料配成悬浮液涂覆于绝缘基体上,经加热聚合而成的。气态碳氢化合物在高温和真空中分解,碳沉积在瓷棒或者瓷管上,形成一层结晶碳膜。改变碳膜厚度和用刻槽的方法变更碳膜的长度,可以得到不同的阻值。其特点是耐高温,方便手工安装及维修,且价格低廉,但误差大,目前电子、电气、通信产品使用量较大。

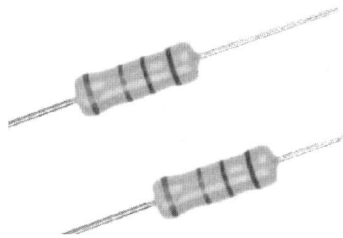

图 3-7　碳膜电阻(RT)

2. 金属膜电阻(RJ)

金属膜电阻器(图 3-8)就是以特种金属或合金作电阻材料,用真空蒸发或溅射的方法,在陶瓷或玻璃基本上形成电阻膜层的电阻器。刻槽和改变金属膜厚度可以控制阻值,性能优于碳膜电阻器。其优点是体积小、噪声低、稳定性好,但成本较高,常常作为精密和高稳定性的电阻器而广泛应用,同时也通用于各种电子设备中。

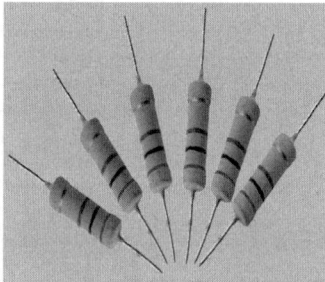

3. 氧化膜电阻(RY)

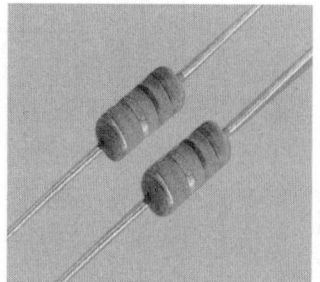

氧化膜电阻(图3-9)用真空镀膜或者阴极溅射工艺,将特定金属或者合金(例如镍铬合金、氧化锡或者氮化钽)淀积在绝缘基体表面上形成薄膜电阻体。其优点是高温下稳定,耐热冲击,负载能力强。但其在直流下容易发生电解使氧化物还原,性能不太稳定,常用于中高档电子产品。

4. 金属线绕电阻

线绕电阻(图3-10)是一种在绝缘的核芯外面缠绕镍－铬合金等金属丝所制成的电阻,可分为固定式和可调试两种。其特点是体积大、阻值较低,多在100kΩ以下。精度极高,工作时噪声小,性能稳定可靠。能承受高温,在环境温度为170℃下仍能正常工作。在低频的精密仪表中被广泛应用。

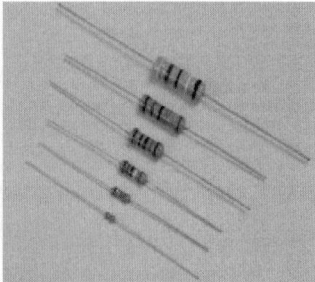

图3-8　金属膜电阻器(RJ)　　　图3-9　氧化膜电阻(RY)　　　图3-10　金属线绕电阻

5. 光敏电阻

敏感电阻是指电阻特性对外界温度、电压、机械力、亮度、湿度、磁通密度、气体浓度等物理量反应敏感的电阻元件。它们常用于检测和控制相应物理量的装置中,是自动检测和自动控制中不可缺少的组成部分。

光敏电阻又称光导管(图3-11),是将对光敏感的材料涂在玻璃上,引出电极制成的。电阻值随入射光线的强弱而变化,光线越强,电阻越小。无光照射时,阻值可达 1.5MΩ 以上;有光照射时,其电阻值减小,阻值可小至1kΩ 以下。其分为紫外光敏电阻器、红外光敏电阻器、可见光光敏电阻器 3 种。红外光敏电阻主要材料是硫化铅,应用于导弹和卫星监测。光敏电阻器主要用于各种自动控制、光电计数、光电跟踪,以及照相机的自动曝光等场合。前照灯自动开灯系统就是通过光敏电阻器而实现自动开灯功能。

其文字符号:R_G。图形符号:⌇。

6. 热敏电阻

热敏电阻(图3-12)通常由单晶或多晶等半导体材料构成,是以钛酸钡为主要原料,辅以微量的锶、钛、铝等化合物加工制成的。它是一种电阻值随温度变化的电阻。

正温度系数热敏电阻器(PTC)在温度越高时电阻值越大;负温度系数热敏电阻器(NTC)在温度越高时电阻值越小。对温度灵敏度高,寿命长,体积小,结构简单,形状各异。热敏电阻用于汽车的空调、发动机、水箱、冷却液温度传感器、自动空调的温度传感器等都是典型的热敏电阻。

图 3-11 光敏电阻

图 3-12 热敏电阻

其文字符号:RT,图形符号: .

【例 3-4】 冷却液温度传感器的结构。

冷却液温度传感器由壳体、传热材料、热敏电阻 NTC 组成,安装在发动机冷却液套中,
如图 3-13 所示。

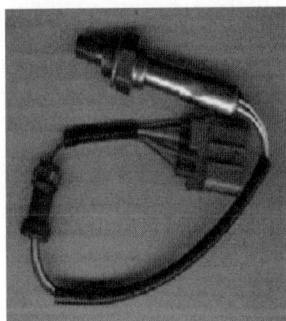

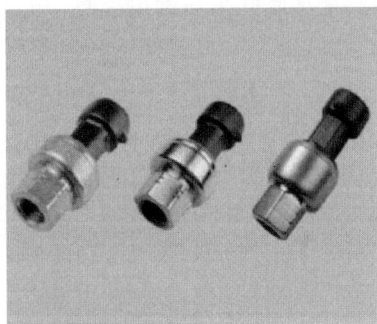

图 3-13 冷却液温度传感器

NTC 型温度传感器的结构如图 3-14a)所示,其阻值随温度的变化而变化,变化曲线如
图 3-14b)所示。它的阻值随温度的变化特点为:温度升高,电阻值下降;温度下降,电阻值升
高。故 NTC 型温度传感器为负温度系数热敏电阻器。通过测量它的电阻值变化就可反映
出被测元件温度的变化。

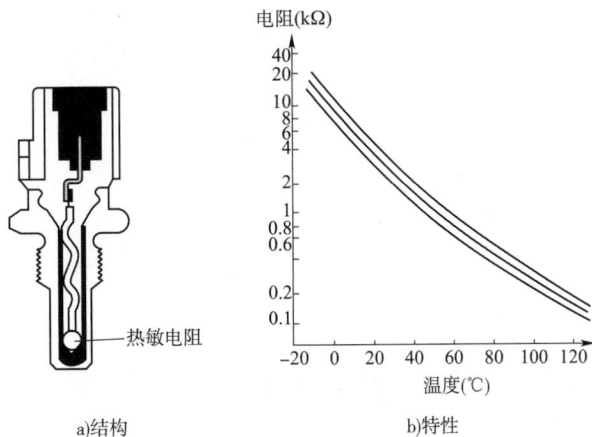

a)结构

b)特性

图 3-14 NTC 型温度传感器

7. 压敏电阻

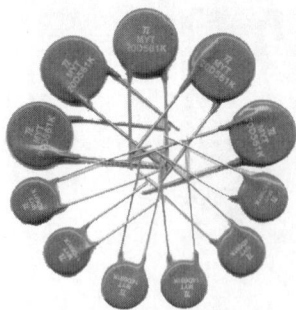

图 3-15　压敏电阻

压敏电阻(图 3-15)是以氧化锌为主要材料制成的半导体陶瓷元件,电阻值随加在两端电压的变化按非线性特性变化。当电压不超过特定值时,电阻很大,电流很小,相当于开路。当电压超过特定值时,其电阻急骤减小,电流急剧增大。压敏电阻在国外俗称"斩波器"和"限幅器"。

其文字符号:RV 或 R。图形符号: ⎓ 和 ⎓。

压敏电阻在电源系统、浪涌抑制器、安防系统、电动机保护、汽车电子系统、家用电器等系统中得到较多的应用,主要用于过压保护和稳压元件。

【例 3-5】　压敏电阻在汽车上应用主要有交流发电机瞬态浪涌系统保护、车辆子系统模块浪涌保护和汽车继电器浪涌保护。如图 3-16 所示为汽车继电器浪涌保护电路,一般情况下,在切换继电器触点期间,继电器会产生电弧放电,损伤其他感应电子器件。在继电器两端并联压敏电阻后能够吸收继电器磁场释放的电弧放电能量。

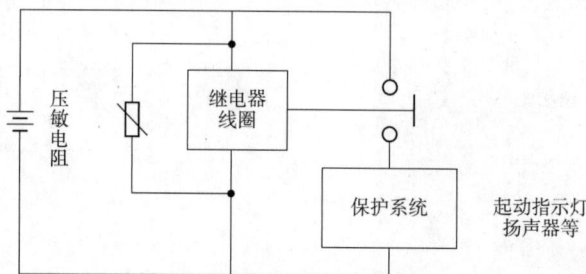

图 3-16　汽车继电器浪涌保护电路

8. 电位器

电位器(图 3-17)是一种连续可调的电阻器,有三个引出端、一个滑动端、两个固定端。滑动端可以在两个固定端之间的电阻体上滑动,使其与固定端之间的电阻值发生变化。在电路中,电位器常用来调节电阻值或电位。

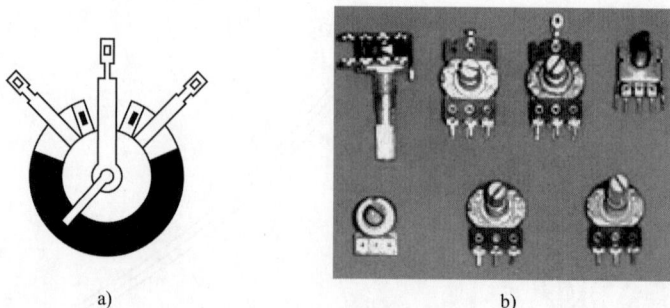

a)　　　　　　　　　　b)

图 3-17　电位器

碳膜电位器:阻值变化与中间抽头的位置变化有关。线绕电位器:用电阻丝在环状骨架上绕制而成。

电位器文字符号:Rp。图形符号: ⎓。

　　电位器在汽车电气系统中应用非常广泛,仪表照明灯就是利用可变电阻来调整光亮强度的。另外节气门、空调调整、电动座椅位置传感器也是利用电位器原理设计的。

　　节气门位置传感器,是一个变阻电位器。节气门位置传感器又称为节气门开度传感器或节气门开关或节气门电位计。它实质上是通过一只可变电阻器和几个开关安装于节气门体上。

　　节气门位置传感器(图3-18)的主要功能是检测出发动机是处于怠速工况还是负荷工况,是加速工况还是减速工况。计算机根据这些工况信息来修正喷油量,或者进行断油控制。

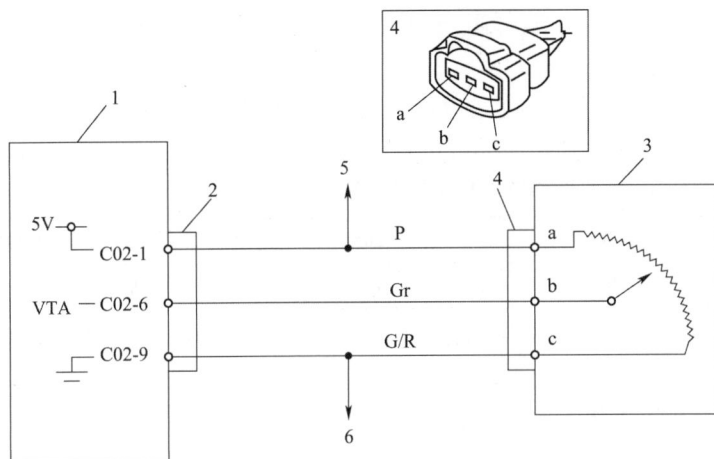

图 3-18　节气门位置传感器

1-ECM;2-ECM 接插件;3-节气门位置传感器;4-节气门位置传感器接插件;5-连接进气歧管绝对压力传感器;6-连接其他传感器

六、电阻的检测步骤(见操作视频二维码 3-1)

二维码 3-1

　　(1)选择工具:数字万用表。

　　(2)检测工具:通过直观检查和通电检查,判断数字万用表状态是否正常。

　　①直观检查:打开数字万用表的电源开关,观察显示屏上是否正常显示数值,有无电池符号。若显示屏出现电池符号 ,表明数字万用表的 9V 电池电压不足,需要更换;若显示屏无电池符号 ,表明电池电量充足,不需要更换。

　　检查万用表常用挡位显示屏能否正常显示数值。将功能量程旋钮开关调至交直流电压挡、交直流电流挡时应显示 3 个"0";调至蜂鸣挡和电阻挡时应显示"1"。

　　②选择挡位:将功能量程旋钮开关调至蜂鸣挡。

　　③插入表笔:红表笔插入 VΩ 孔,黑表笔插入 COM 孔。

　　④检查蜂鸣器是否鸣响:将红、黑表笔短接,通过蜂鸣器是否鸣响判断数字万用表状态是否正常。

　　如图 3-19 所示红、黑表笔短接,有蜂鸣声,读数 0.001,由此判断数字万用表状态正常。

图 3-19　两表笔短接

（3）检测电阻。

①重新选择挡位：将功能量程旋钮开关调至电阻挡 Ω；

如果无法判断电阻的阻值，将功能量程旋钮开关调至电阻最低挡，若显示器显示"1"时，说明电阻值大，加大量程，直到测出电阻值为 3 ~ 4 位有效数字，如：0.943，17.80。

当显示屏显示"1"时，说明挡位量程选取过小，需加大量程挡位。

当显示屏显示 000 时，说明挡位量程选取过大，需减小量程挡位。

②万用表校零：两表笔短接，显示 0。

注意：表笔短接显示不为 0（低阻挡和高阻挡）时，记下表笔短接显示数值，在测量时应从读数中减去相应数值。

如图 3-20 所示，200 挡校零读数为 00.2，20M 挡校零读数为 0。

DY2201 数字万用表各挡位校零数值见表 3-3。

DY2201 数字万用表各挡位校零数值   表 3-3

挡位	20	200	2K	20K	200K	2M	20M	200M
读数	1.10	00.2	.000	0.00	00.0	.000	0.00	00.9

③测量电阻并读数：如图 3-21 所示，手握位置正确，将红、黑表笔分别接在待测电阻引脚的两端，当显示屏上的数字为 3 ~ 4 位有效数字且稳定后再读数。

挡位为 20、200 的单位为 Ω；挡位为 2K、20K、200K 的单位为 kΩ；挡位为 2M、20M、200M 的单位为 MΩ。

注意：禁止用手接触表笔和电阻的金属部分，以免影响测量数值。

如图 3-21a）所示电阻正确测量读数为 14.90kΩ；如图 3-21b）所示电阻错误测量读数为 14.99kΩ。

a)200挡校零　　　　　b)20M挡校零　　　　　　a)电阻正确测量　　　　b)电阻错误测量

图 3-20　电阻校零　　　　　　　　　　　图 3-21　电阻测量

④判别电阻是否正常。

判别标准：测量值和电阻所标数值（色标、直标等）进行对比。如果误差较小（应小于电阻上标出的允许误差），则电阻正常。如果误差较大则说明电阻已损坏，不能使用。测量数据始终显示"1"，说明电阻断路；测量数据始终显示"0"，说明电阻短路。

如图 3-21a）所示，电阻是四环电阻，颜色依次为棕绿橙银，可知其阻值为 $15 \times 10^3 =$

$15k\Omega$,允许偏差为 ±10% ;电阻正确测量读数为 $14.90k\Omega$。由此可以判别该电阻正常。

(4)仪表复位,现场"6S"管理。

任务实施

电阻的检测见本书所附任务工单九。

任务二　电容的认知和检测

二维码 3-2

一、电容的概述

两个相互靠近的导体,中间夹一层不导电的绝缘介质,就构成了电容器(图 3-22)。组成电容器的两个导体叫作极板,中间的绝缘物质叫作电容器的介质。当电容器的两个极板之间加上电压时,电容器就会储存电荷。电容(或电容量)是表征电容器容纳电荷本领的物理量。电容器在储能、调谐、旁路、耦合、滤波等电路中起着重要的作用。电容充放电仿真视频见二维码 3-2。

电容的文字符号:C,不同类型的电容图形符号如图 3-23 所示。

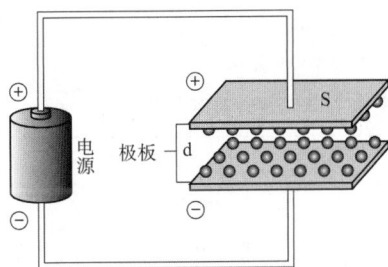

图 3-22　电容器示例

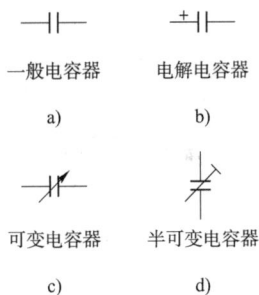

图 3-23　电容图形符号

二、电容的单位

在国际单位制里,电容的单位是法拉,简称法,符号是 F,法拉这个单位过大,所以常用的电容单位有毫法(mF)、微法(μF)、纳法(nF)和皮法(pF)等。

换算关系:$1F = 10^3 mF = 10^6 \mu F = 10^9 nF = 10^{12} pF$

$\quad\quad\quad 1\mu F = 10^3 \quad nF = 10^6 pF$

三、电容器的主要技术参数

1. 标称容量

电容器上标有的电容数值是电容器的标称容量。一般电容器上都直接写出其容量,也有用数字来标示容量的。但电容器实际电容量与标称电容量是有偏差的,精度等级与允许误差有对应关系。一般电容器常用 Ⅰ、Ⅱ、Ⅲ 级,电解电容器用Ⅳ、Ⅴ、Ⅵ级表示容量精度,根据用途进行选取。电解电容上面有标注精度等级(误差范围)的字母,表示如下:

D——005 级—— ±0.5% ;F——01 级—— ±1% ;G——02 级—— ±2% ;

J—— Ⅰ 级—— ±5% ;K—— Ⅱ级—— ±10% ;M——Ⅲ级—— ±20%。

电解电容的容量误差大多数都是标称 ±20% 。

2. 额定工作电压

额定工作电压是该电容器在电路中能够长期可靠地工作而不被击穿所能承受的最大直流电压(又称耐压)。在交流电路中,要注意所加交流电压最大值不能超过电容的直流工作电压值。如果工作电压超过电容器的耐压,电容器将被击穿,造成损坏。在实际中,随着温度的升高,耐压值将会变低。

3. 绝缘电阻

电容器漏电的大小用绝缘电阻来衡量。直流电压加在电容上,产生漏电电流,两者之比称为绝缘电阻。电容器漏电电流越小越好,也就是绝缘电阻越大越好。

四、电容器的命名

国产电容器的型号一般由以下 4 部分组成,如图 3-24 所示,各部分的含义见表 3-4。

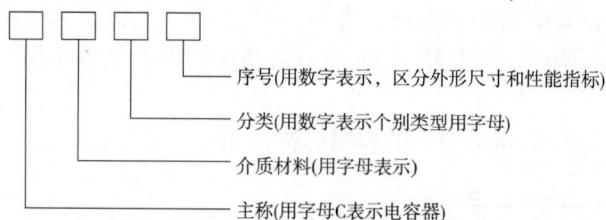

图 3-24 电容器型号的组成

电容器型号中数字和字母代表分类的意义   表 3-4

介质材料		分 类				
			意 义			
符号	材料	序号	瓷介电容器	云母电容器	电解电容器	有机电容器
C	高频陶瓷	1	圆形	非密封	箔式	非密封
T	低频陶瓷	2	管型	非密封	箔式	非密封
Y	云母	3	叠片	密封	烧结粉非固体	密封
Z	纸	4	独石	密封	烧结粉固体	密封
J	金属化纸	5	穿心			穿心
I	玻璃釉	6	支柱等			
L	涤纶薄膜	7			无极性	
B	聚苯乙烯等非极性薄膜	8	高压	高压		高压
O	玻璃膜	9			特殊	非密封
Q	漆膜	10			卧式	卧式
H	纸膜复合	11			立式	立式
D	铝电解	12				无感式
A	钽电解	G	高功率			
N	铌电解	W	微调			

五、电容器容量的标示方法

1. 直标法

在电容器的表面印有厂家标志、型号、标称容量、允许误差范围、额定工作电压等。

【例 3-6】 如图 3-25 所示,该电容为电解电容,标称容
量为 0.47μF,额定工作电压 250V。

用直标标注的容量,有时电容器上不标注单位,其识读

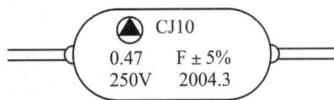
图 3-25 直标法

方法为:凡是容量大于 1 的无极性电容器,其容量单位为
pF,如 5100 表示容量 5100pF;凡容量小于 1 的电容器,其容量单位为 μF,如 0.01 表示容量为 0.01μF;凡是有极性电容器,容量单位是 μF,如 100 表示容量 100μF。

2. 文字符号法

用 2-4 位数字与字母混合表示电容的容量,字母放在数字中间时表示小数点。

【例 3-7】 p10 表示 0.1pF;1p0 表示 1pF;4P7 表示 4.7pF;2μ2 表示 2.2μF。

3. 数学计数法

数学计数法一般是三位数字表示电容器容量,第一位和第二位数字为有效数字,第三位数字为倍率(表示有效数字后的零的个数),电容量单位为 pF。

【例 3-8】 103 表示容量为 10000PF;201 表示容量为 200PF;100 容量用 10PF、683 容量用 68000PF 表示。

六、电容器的常用类型

电容的分类方法很多,按照结构分为固定电容器、可变电容器和微调电容器三类;按电解质的不同分为有机介质电容器、无机介质电容器、电解电容器和空气介质电容器等;按用途不同分为高频旁路、低频旁路、滤波、调谐、高频耦合、低频耦合、小型电容器等;按制造材料不同分为瓷片电容、涤纶电容、电解电容、钽电容、铝电容,还有先进的聚丙烯电容等。

1. 铝电解电容器

铝电解电容器(图 3-26)是由铝圆筒做负极,里面装有液体电解质,氧化铝膜为介质,插入
一片弯曲的铝带做正极而制成的电容器。其特点是容量大,但是漏电电流大、误差大,稳定性差,常用作交流旁路和滤波。电解电容有正、负极之分,使用时不能接反。接反后,氧化膜电阻极小,漏电流大、发热严重,当电解质是液体时会爆炸。

2. 瓷介电容器

瓷介电容器(图 3-27)是用陶瓷挤压成圆管、圆片或圆盘作为介质,在陶瓷基体两面喷涂银层,然后烧成银质薄膜做极板制成。其特点是体积小、容量大、性能稳定、寿命长、绝缘电阻大、温度特性好,常用在要求较高的场合。

图 3-26 铝电解电容器

3. 云母电容器

云母电容器(图 3-28)是用金属箔或在云母片上喷涂银层做电极板,极板和云母一层一层叠合后,再压铸在胶木粉或封固在环氧树脂中制成,形状多为方块状。其优点是采用天然

云母作为电容极间的介质,耐压高,性能相当好,绝缘电阻大,温度系数小。广泛应用于对电容的稳定性和可靠性要求高的场合,并可用作标准电容器。

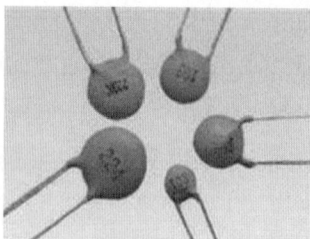

图3-27 瓷介电容器

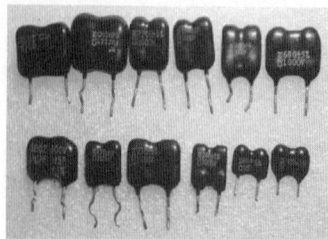

图3-28 云母电容器

4. 可变电容器

可变电容器(图3-29)一般由相互绝缘的两组极片组成。固定不动的一组极片称为定片,可动的一组极片称为动片。几只可变电容器的动片可合装在同一转轴上,组成同轴可变的电容器(俗称双联、三联等)。

图3-29 可变电容器

七、电容器在汽车上的应用

电容器作为存储和容纳电荷的元件,在汽车上有着广泛的应用。

(1)传统点火系上装用电容器。其作用是可以减小断电器触点火花、保护触点,提高次级电压、增强火花塞火花能量。

(2)汽车转向灯闪光器装用电容器。其作用是利用电容的充放电规律达到使转向灯闪烁的目的。

八、电解电容器的检测

用数字万用表检测电容器的方法一般有电容挡直接检测和电阻挡检测两种,本节介绍电容挡直接检测电容的方法和步骤(见操作视频二维码3-3)。

二维码3-3

检测电解电容器容量步骤。

(1)选择工具:数字万用表。

(2)检测工具:判断万用表状态是否正常。

①直观检查:打开数字万用表的电源开关,观察显示屏上有无电池符号▐▭,是否正常显示数值。若显示屏出现电池符号▐▭,表明数字万用表的9V电池电压不足,需要更换;

显示屏无电池符号![电池符号]，表明电池电量充足，不需要更换。

检查万用表常用挡位显示屏能否正常显示数值。将数字万用表的功能量程旋钮开关调至交直流电压挡、交直流电流挡时应显示 3 个"0"；调至蜂鸣挡和电阻挡时应显示"1"。

②选择挡位：将功能量程旋钮开关调至电容最低挡，依次调节至电容每个挡位，显示屏都应显示"0"。满足以上两个条件可以判断万用表正常。

（3）检测电解电容。

①电容器放电：如图 3-30 所示，用导线将电容器的两只引脚短接至少 5s。

②重新选择挡位（图 3-31）：读取电容标称容量，调节挡位选择按钮指向电容挡（F），根据电容标称容量大小选好挡位，如：F20n,F200μ。

图 3-30　电容器放电

图 3-31　选择挡位

如果无法估计电容的容量，先选最小量程 F2n，若用小量程测的值是"1"时，说明电容值大，加大量程，直到测出电容容量如：09.3,08.8。

③电解电容测量并读数：将放电的电容器两引脚直接插入电容测试插孔 C_X，观察显示器读数。当显示屏上的数字稳定后再读数。

如图 3-32a）所示，当显示器显示"1"时，说明挡位量程选取过小，需加大量程。

如图 3-32b）所示，所测量电容的容量为 9.5μF。

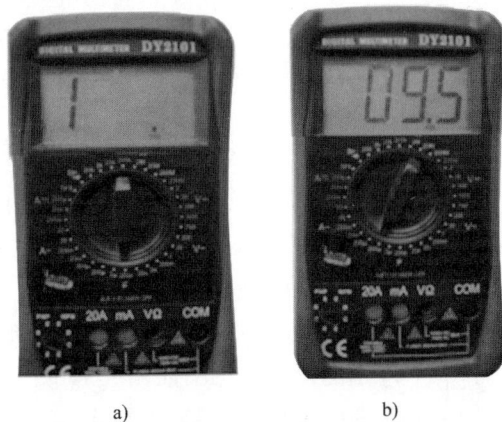

a)　　　　　　　　　b)

图 3-32　电容测量

④判断电解电容容量是否正常：根据测量数据和电容容量对比，误差较小为正常（容量误差不超过 20%），反之为不正常。表 3-5 所示测量电容正常。

检测结果 表3-5

电容标称容量	挡 位	读 数	单 位	电容是否正常
10μF	200μ	09.5	μF	正常

（4）仪表复位，现场6S管理：关闭电源开关，拔掉电容，将功能量程旋钮开关调至 V～700。

任务实施

电解电容的检测见本书所附任务工单十。

任务三　电感的认知和检测

一、磁的基本知识

磁铁是自然界中磁场现象比较强的物体。磁铁有两极（图3-33a）：北极（N）、南极（S），磁极两端磁场最强，中间最弱。磁场特性如图3-33b）、和图3-33c）所示。

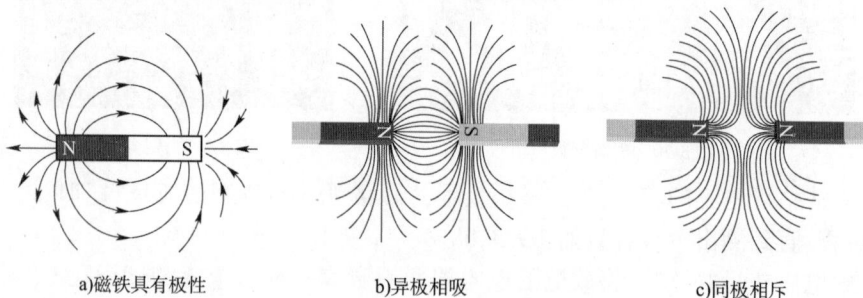

a)磁铁具有极性　　　　b)异极相吸　　　　c)同极相斥

图3-33　磁铁

磁场是存在于磁铁周围的一种特殊物质。为了使磁场形象化，常用磁力线来描绘磁场强弱和方向（图3-34）。磁场里画出一系列有方向的曲线，并使曲线上每一点的切线方向都跟该点的磁场方向一致，这些曲线叫作磁力线。磁力线是互不相交叉的闭合曲线，在磁力线外部由 N 极指向 S 极，在磁体内部由 S 极指向 N 极。磁力线越密磁场越强，磁力线越疏磁场越弱。

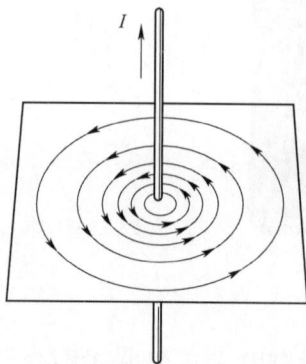

图3-34　载流导体周围的磁场示意图

磁铁的种类很多，天然磁铁磁性较弱。实际使用人造磁铁，永久磁铁磁性长期保存，如扬声器尾部的圆形磁铁；暂时磁铁磁性是暂时的，磁性可以消失，如汽车上使用的电磁铁和电磁开关等。

实验表明，载流导体的周围都存在着磁场。载流导体周围的磁场示意图如图3-34所示。磁场应用比较常见的是通电线圈。磁场的强弱和流过线圈的电流、线圈的匝数、线圈的长度、直径大小、有无铁芯等有关。点火系统、起动电动机、充电系统和继电器等的工作原理都基于磁感应原理。

二、电感器概述

如图 3-35 所示,电感器(电感线圈)是用绝缘导线(例如漆包线、纱包线等)在绝缘骨架或磁芯、铁芯上绕制而成的电磁感应元件。电流通过电感线圈时产生磁场,磁场和电场有能量。电感线圈和电容器都是储能元件。

电感也称电感量,表示线圈本身的固有特性,由载流导体周围形成的磁场产生。当线圈中通有电流时,线圈中就要储存磁场能,通过线圈的电流越大,线圈中储存的磁场能就多。在通有相同电流的线圈中,电感越大的线圈储存的能量越多。从能量的角度看,线圈的电感 L 表征了它储存磁场能量的能力。电感有滤波、振荡、延迟、陷波等作用。

电感文字符号:L,不同类型的电感器图形符号如图 3-36 所示。

a)空心电感器　　b)铁芯电感器

c)可调电感器

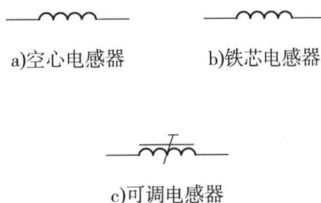

图 3-35　电感器　　　　　图 3-36　电感器图形符号

三、电感的单位

电感的单位是亨利,简称亨,用 H 表示。常用单位还有毫亨(mH)、微亨(μH),换算关系如下:

$$1H = 10^3 mH = 10^6 \mu H$$

四、电感器的分类

电感器种类很多,按功能分为振荡线圈、扼流圈、耦合线圈、校正线圈和偏转线圈;按是否可调分为固定电感、可调电感和微调电感;按结构分为空心线圈、磁芯线圈和铁芯线圈;按形状分为线绕电感(单层线圈、多层线圈及蜂房线圈)、平面电感(印制板电感、片状电感)。

1. 小型固定电感

小型固定电感线圈(图 3-37)是将线圈绕制在软磁铁氧体的基础上,再用环氧树脂或塑料封装起来制成。小型固定电感线圈外形结构主要有立式和卧式两种。

2. 空心线圈

空心线圈(图 3-38)是用导线直接绕制在骨架上而制成线圈内没有磁芯或铁芯,通常线圈绕的匝数较少,电感量小。

3. 可变电感线圈

可变电感线圈(图 3-39),在空心线圈基础上内含铁芯或磁芯,通过调节磁芯在线圈内的位置来改变电感量。

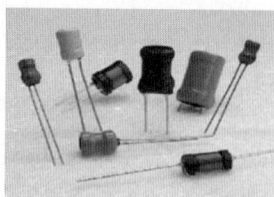

图 3-37　小型固定电感

图 3-38　空心线圈

图 3-39　可变电感线圈

五、电感的检测

电感器的电感量一般可通过高频 Q 表或电感表进行测量,若不具备以上两种仪表,可通过用万用表测量线圈的直流电阻来判断其是否正常。

(1)外观检查。检测电感时先进行外观检查,看线圈有无松散,引脚有无折断,线圈是否烧毁或外壳是否烧焦等现象。若有上述现象,则表明电感已损坏。

(2)万用表电阻法检测。电感的直流电阻值一般很小,匝数多、线径细的线圈能达几十欧;对于有抽头的线圈,各引脚之间的阻值均很小,仅有几欧姆。

判断标准:将万用表置于 $R \times 20$ 挡,用两表笔分别碰接电感线圈的引线脚。如果测得电感线圈有一定阻值,说明正常;当被测的电感器电阻值为 0 时,说明电感线圈内部短路,不能使用;当测得的阻值为无穷大("1")时,说明电感线圈或引脚与线圈接点处发生了断路,此时不能使用。

六、变压器

1.定义

变压器是一种常见的电气设备。变压器是将一种交流电压变换成频率相同而电压不同的另一种交流电压的静止装置,以电磁感应为其工件原理。变压器具有传递能量、变换电压、变换电流和变换阻抗的功能。

2.变压器的结构

(1)铁芯:采用厚度为 0.35 ~ 0.5mm 且表面涂有绝缘漆的硅钢片交错叠装而成,分为芯式和壳式两种,如图 3-40 所示。

(2)绕组:变压器有两个或多个绕组。与电源相连接的绕组称为初级线圈或一次绕组,与负载相连的绕组称为次级线圈或二次绕组(图 3-41)。根据两侧绕组匝数的不同,也可将匝数多的称为高压绕组,匝数少的称为低压绕组。

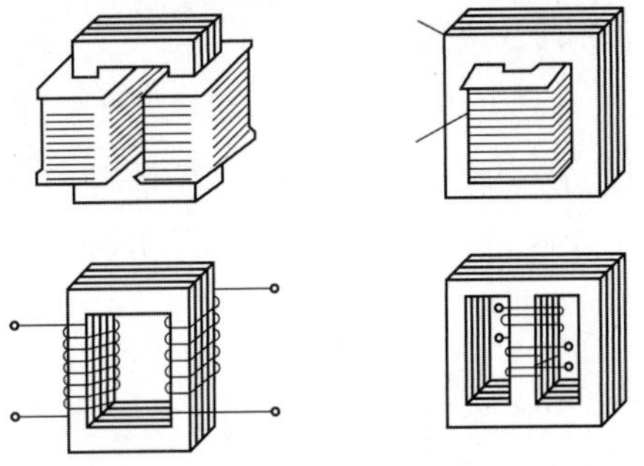

a)芯式　　b)壳式

图 3-40　铁芯

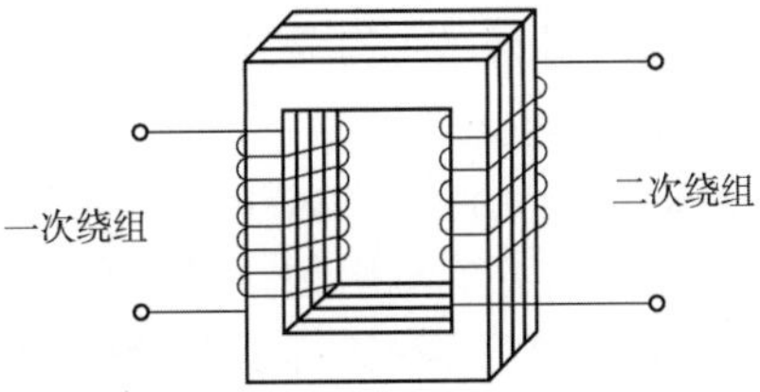

图 3-41　绕组

3. 常见变压器的电路符号

在电路原理图中,变压器文字符号:T。图形符号: 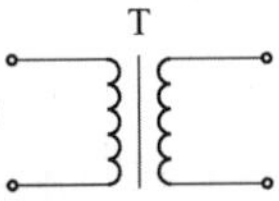

4. 变压器的分类

变压器按用途分为电源变压器、音频变压器、开关变压器等(图 3-42)。

a)电源变压器　　b)音频变压器　　c)开关变压器

图 3-42　变压器

5. 闭磁路直流变压器(点火线圈)

点火线圈在汽车上应用,汽车点火系统中的点火线圈(图 3-43)的作用是将 12V 低电压变为 15~30kV 高电压,并传递给各缸的火花塞,使火花塞产生高压电火花,点燃汽缸内可燃混合气。

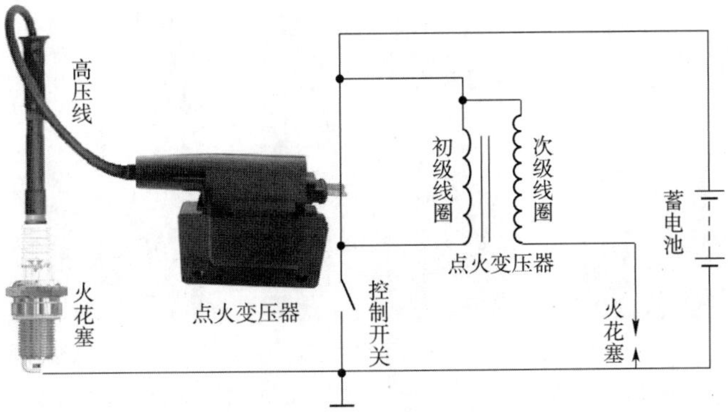

图 3-43　汽车点火线圈

七、电源变压器的检测(见操作视频二维码3-4)

二维码3-4

1.直观检查

通过观察变压器的外观来检查其是否有明显异常现象。如线圈引线是否断裂,脱焊,绝缘材料是否有烧焦痕迹,铁芯紧固螺杆是否松动,硅钢片有无锈蚀,绕组线圈是否外露等。

2.万用表检测电源变压器绕组直流电阻

变压器绕组的直流电阻很小,用万用表的低阻挡检测可判断绕组有无短路或断路情况。一般情况下,电源变压器(降压式)初级绕组的直流电阻多为几十至上百欧姆,次级直流电阻多为零点几至几欧姆。

(1)选择工具:数字万用表。

(2)检测工具:通过直观检查和通电检查,判断数字万用表状态是否正常。

①直观检查:打开数字万用表的电源开关,观察显示屏上是否正常显示数值,有无电池符号█╋。若显示屏出现电池符号█╋,表明数字万用表的9V电池电压不足,需要更换;若显示屏无电池符号█╋,表明电池电量充足,不需要更换。

检查万用表常用挡位显示屏能否正常显示数值,将功能量程旋钮开关调至交直流电压挡、交直流电流挡时应显示3个"0";调至蜂鸣挡和电阻挡时应显示"1"。

②选择挡位:将功能量程旋钮开关调至蜂鸣挡。

③插入表笔:红表笔插入VΩ孔,黑表笔插入COM孔。

④检查蜂鸣器是否鸣响:将红、黑表笔短接,通过蜂鸣器是否鸣响判断万用表状态是否正常。

如图3-44所示,红、黑表笔短接,有蜂鸣声,读数002,由此判断工具正常。

(3)检测电源变压器。

①重新选择挡位:将功能量程旋钮开关调至电阻挡2K或20K。

②万用表校零(图3-45a):两表笔短接,显示读数为"0"。

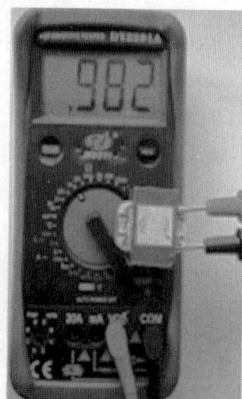

图 3-44

a)2K挡校零　　b)初级绕组测量

图3-45　测量初级绕组

③测量初级绕组,读数并判断其是否正常:手握位置正确,将两表笔分别连接变压器初

级绕组(220V)的两引出脚,稳定后读数。如图3-45b)所示读数为0.982kΩ。

若出现"1",则为断路;若出现"0",则为短路。

如图3-45b)所示初级绕组实际直流电阻 = 0.982 – 0.00 = 0.982kΩ

判断初级绕组正常。

④重新选择挡位:将功能量程旋钮开关调至电阻挡20或200。

⑤万用表校零(图3-46a):两表笔短接,显示读数为0.03Ω。

⑥测量次级绕组,读数并判断其是否正常:手握位置正确,将两表笔分别连接变压器次级绕组(12V)的两引出脚,稳定后读数。

如图3-46b)所示次级绕组实际直流电阻 = 3.56 – 0.03 = 3.53Ω,由此判断次级绕组正常。

a)20挡校零   b)次级绕组测量

图3-46 测量次级绕组

(4)仪表复位,现场"6S"整理。

任务实施

电源变压器的检测见本书所附任务工单十一。

任务四 电磁继电器的认知与检测

一、电磁继电器概述

继电器(图3-47)是电磁学原理在汽车上的广泛应用之一。继电器是汽车控制电路中常用的一种元件,利用电磁感应原理,控制某一回路的接通或断开,实现用小电流控制大电流,从而减小控制开关触点的电流负荷,保护开关触点不被烧蚀。汽车上广泛使用电磁式继电器,常见的继电器有供电继电器、启动继电器、喇叭继电器、雾灯继电器、雨刮继电器等。

继电器用来控制电路的接通与切断,是一种利用小电流来控制大电流电路的电磁开关。

汽车上继电器起到保护和自动控制的作用,多为插接式继电器。电磁继电器一般由铁芯、线圈、衔铁、复位弹簧、触点(活动触点、固定常开、常闭触点)、支架、外壳等组成的。

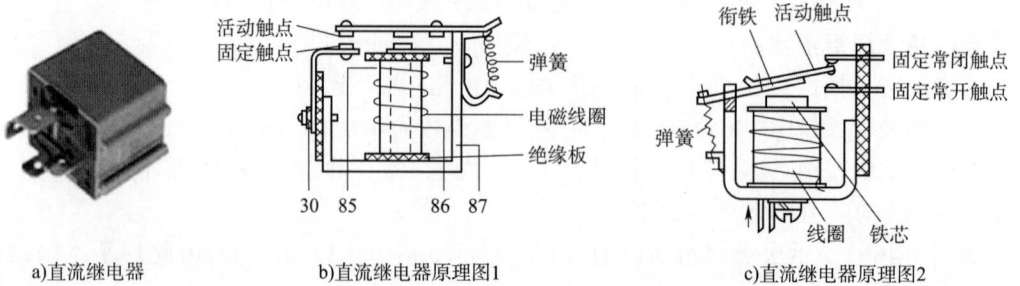

a)直流继电器　　　b)直流继电器原理图1　　　c)直流继电器原理图2

图 3-47　电磁继电器

二、继电器的符号

继电器文字符号:J,图形符号:

线圈　常开触点 常闭触点

常开触点(动合触点)是指继电器线圈未通电时处于断开状态的静触点,即线圈通电触点闭合。

常闭触点(动断触点)是指继电器线圈未通电时处于接通状态的静触点,即线圈通电触点断开。

三、继电器工作原理

继电器工作原理图如图 3-48 所示。

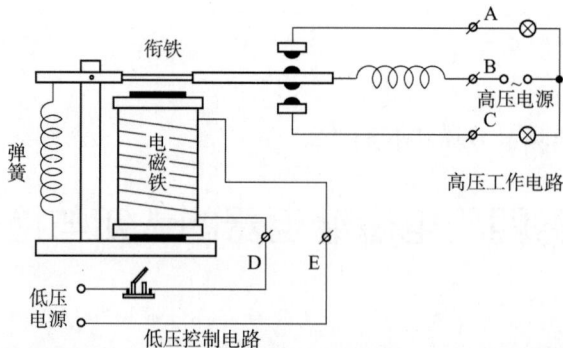

图 3-48　继电器工作原理图

电磁线圈通电产生磁场,吸引衔铁活动,使常闭触点断开,常开触点闭合,电磁线圈断电,电磁吸力消失,使常闭触点闭合,常开触点断开。只要在线圈两端加上一定的电压,线圈中就会流过一定的电流,从而产生电磁力,衔铁就会在电磁力吸引的作用下克服返回弹簧的拉力吸向铁芯,从而带动衔铁的动触点与静触点(常开触点)吸合。当线圈断电后,电磁的吸力也随之消失,衔铁就会受弹簧的反作用力返回原来的位置,使动触点与原来的静触点(常闭触点)吸合。通过吸合和释放,从而达到了在电路中导通和切断的目的。

四、继电器的分类

汽车继电器常见的有三类:常开(动合)继电器;常闭(动断)继电器;常开、常闭混合型继电器。

(1)常开(动合)继电器:如图3-49所示,平时触点是断开的,线圈通电,继电器动作后触点接通。

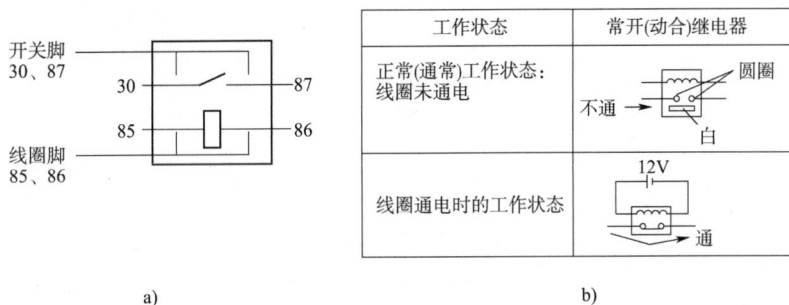

图3-49　常开(动合)继电器

(2)常闭(动断)继电器:如图3-50所示,平时触点是闭合的,线圈通电,继电器动作后触点断开。

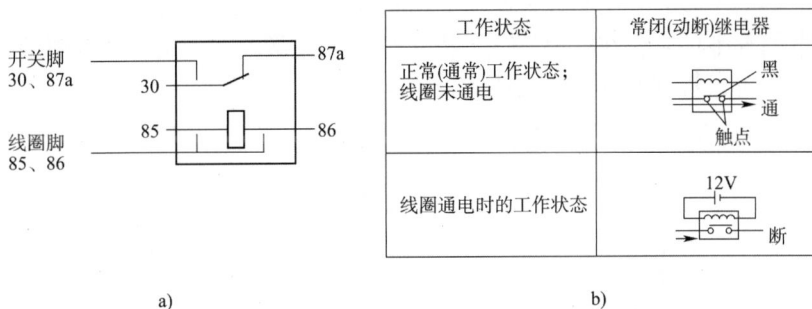

图3-50　常闭(动断)继电器

(3)常开、常闭混合型继电器:如图3-51所示,平时动断触点接通,动合触点断开,当继电器线圈通电,动合、动断触点则变成与平时相反的状态。

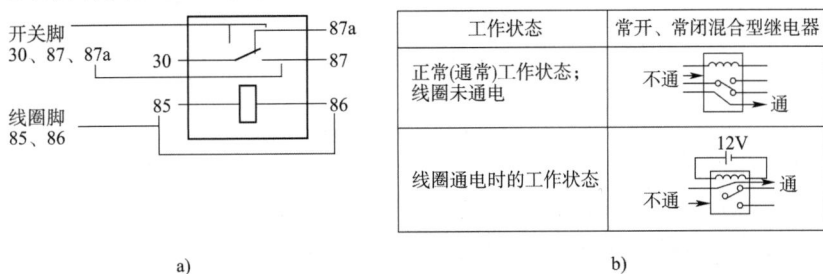

图3-51　常开、常闭混合型继电器

(4)汽车小型通用继电器:如图3-52所示。

标准型继电器内部电路如图3-53所示。标准型继电器内部电路引脚特点:开关脚垂直、线圈脚平行。

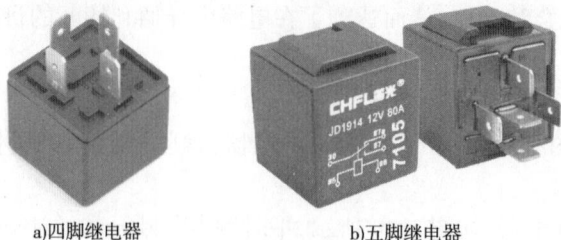

a)四脚继电器　　　　　　　　　b)五脚继电器

图 3-52　汽车小型通用继电器

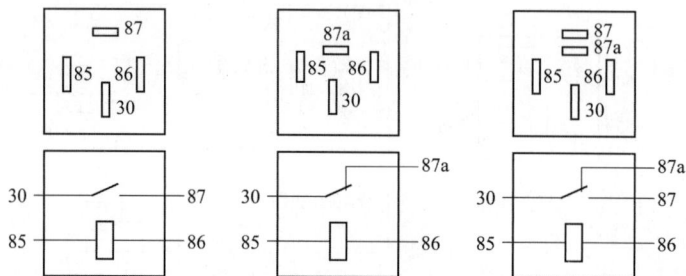

图 3-53　标准型继电器内部电路

五、继电器的检测

诊断继电器的主要方法是测试继电器的电路。测试继电器首先是要分清楚继电器的各个引脚。一般情况下厂家会在继电器的外壳上标明继电器的引脚和内部接线图,如图 3-54 所示。通过标识可以辨别控制电路和负载电路的引脚。

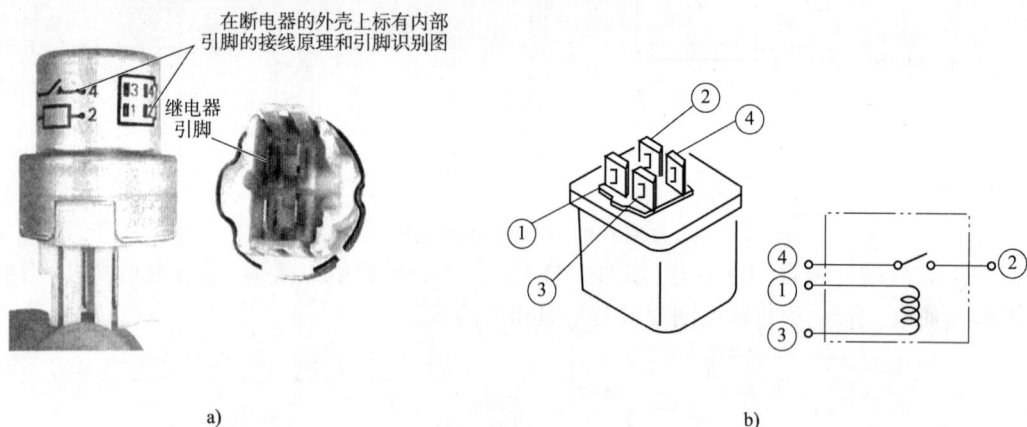

图 3-54　继电器引脚和内部接线图

1. 汽车继电器检测方法

汽车继电器有静态检测和动态检测两种检测方法。静态检测是指检测线圈的阻值和常闭触点阻值。动态检测是指给线圈通电后检测常开触点阻值。

本节介绍继电器静态检测方法,运用数字万用表测量触点电阻和线圈电阻,如图 3-55 所示。

触点电阻(开关脚电阻):常闭触点的两引脚,其阻值接近 0Ω,有蜂鸣声;常开触点的两引脚,其阻值应为"1",无蜂鸣声。

线圈脚电阻:汽车继电器电磁线圈两端是连通的,一般线圈电阻为 $60\sim180\Omega$。

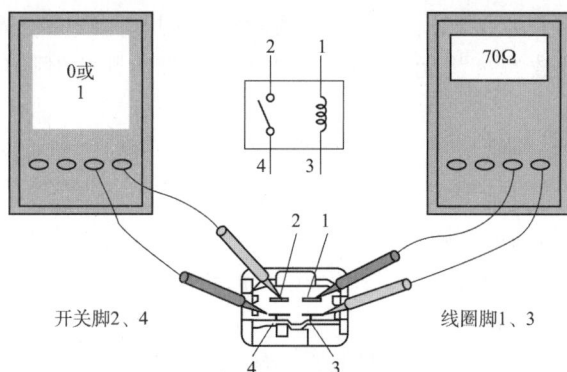

图 3-55　继电器静态检测法

2.四脚继电器的检测步骤(见操作视频二维码3-5)

(1)选择工具:数字万用表。

(2)检测工具:通过直观检查和通电检查,判断数字万用表状态是否正常。

①直观检查:打开数字万用表的电源开关,观察显示屏上是否正常显示数值,有无电池符号 。若显示屏出现电池符号 ,表明数字万用表的9V电池电压不足,需要更换;若显示屏无电池符号 ,表明电池电量充足,不需要更换。

检查万用表常用挡位显示屏能否正常显示数值。将功能量程旋钮开关调至交直流电压挡、交直流电流挡时应显示 3 个"0";调至蜂鸣挡和电阻挡应时显示"1"。

②选择挡位:将功能量程旋钮开关调至蜂鸣挡。

③插入表笔:红表笔插入 VΩ 孔,黑表笔插入 COM 孔。

④检查蜂鸣器是否鸣响:将红、黑表笔短接,通过蜂鸣器是否鸣响,判断数字万用表状态是否正常。

如图 3-56 所示,红、黑表笔短接,有蜂鸣声,读数 0.001,由此判断数字万用表状态正常。

图 3-56　两表笔短接

(3)测量四脚继电器。

①选用蜂鸣挡按表 3-6 用红、黑表笔依次测量继电器各引脚,测量 6 次。稳定后读取数据并确定开关引脚、线圈引脚及继电器类型。

四脚继电器引脚测量记录表　　　　　　　　　　　　　　表3-6

测量顺序	1	2	3	4	5	6
测量引脚	85—86	85—30	85—87	30—87	30—86	87—86
测量现象						
测量读数						

无蜂鸣声且读数为 3 位有效数字的一对引脚为线圈引脚;余下的一对引脚为开关引脚。若开关引脚测量读数为"1",无蜂鸣声,则为常开触点,该继电器为常开继电器;若开关脚测量读数为比较小,有蜂鸣声,则为常闭触点,该继电器为常闭继电器。

如图 3-57 所示,读数为 0.101,无蜂鸣声,则 85、86 引脚为线圈引脚;

如图 3-58 所示,读数为"1",无蜂鸣声,则 30、87 引脚为开关引脚,为常开触点,因此,该继电器为常开继电器。

②重新选择挡位:将功能量程旋钮开关调至电阻挡,一般选择 200 挡。

③万用表校零:如图 3-59 所示,两表笔短接,显示"0"。不显示"0"时,记录表笔短接时显示数值,在测量时应从读数中减去相应数值。

④测量继电器线圈电阻并读数:手握位置正确,将红、黑表笔分别接继电器线圈脚 85、86 引脚的两端,稳定后读数。

⑤判断继电器是否正常:若测量线圈阻值在 $60 \sim 180\Omega$ 之间,表明继电器正常。如图 3-60 所示,测得线圈引脚实际电阻 $R = 87.9 - 0.2 = 87.7\Omega$,初步判断继电器正常。

图 3-57　测量 85、86 引脚　　图 3-58　测量 30、87 引脚　　图 3-59　万用表校零 00.2Ω　　图 3-60　线圈脚电阻 87.9Ω

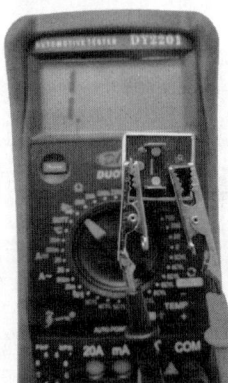

(4)仪表复位,现场"6S"整理。

3. 五脚继电器的检测步骤(见操作视频二维码 3-6)

(1)选择工具:数字万用表。

(2)检测工具:通过直观检查和通电检查,判断数字万用表状态是否正常。

①直观检查:打开数字万用表的电源开关,观察显示屏上是否正常显示数值,有无电池符号 ▭ 。若显示屏出现电池符号 ▭ ,表明数字万用表的 9V

二维码 3-6

电池电压不足,需要更换;若显示屏无电池符号 ▭ ,表明电池电量充足,不需要更换。

检查万用表常用挡位显示屏能否正常显示数值。将功能量程旋钮开关调至交直流电压挡、交直流电流挡时应显示 3 个"0";调至蜂鸣挡和电阻挡时应显示"1"。

②选择挡位:将功能量程旋钮开关调至蜂鸣挡。

③插入表笔:红表笔插入 VΩ 孔,黑表笔插入 COM 孔。

④检查蜂鸣器是否鸣响:将红、黑表笔短接,通过蜂鸣器是否鸣响,判断数字万用表状态是否正常。

图 3-61　两表笔短接

如图 3-61 所示,红、黑表笔短接,有蜂鸣声,读数 0.001,由此判断数字万用表状态正常。

（3）测量五脚继电器。

①测量继电器引脚：选用蜂鸣挡按表 3-7 顺序用红、黑表笔测量继电器各引脚，测量 10 次。稳定后读取数据并确定开关引脚、线圈引脚及继电器类型。

五脚继电器引脚测量记录表　　　　　　　　　　　　　　表 3-7

测量顺序	1	2	3	4	5
测量引脚	85—86	85—30	85—87	85—87a	30—86
测量现象					
测量读数					
测量顺序	6	7	8	9	10
测量引脚	30—87	30—87a	87—86	87—87a	86—87a
测量现象					
测量读数					

无蜂鸣声且读数为 3 位有效数字的一对引脚为线圈引脚，余下的两对引脚为开关引脚。若开关引脚测量读数为"1"，无蜂鸣声，则为常开触点；若开关引脚测量读数为比较小，有蜂鸣声，则为常闭触点，该继电器为常开常闭混合继电器。

如图 3-62 所示，读数 0.100，无蜂鸣声，则 85、86 引脚为线圈引脚；

如图 3-63 所示，读数 1，无蜂鸣声，则 30、87 引脚为开关引脚，常开触点；

如图 3-64 所示，读数 0.003，有蜂鸣声，则 30、87a 引脚为开关引脚，常闭触点，

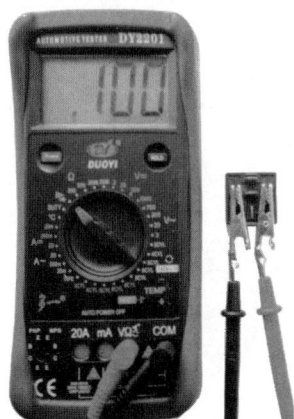

图 3-62　测量 85、86 引脚　　　图 3-63　测量 30、87 引脚　　　图 3-64　测量 30、87a 引脚

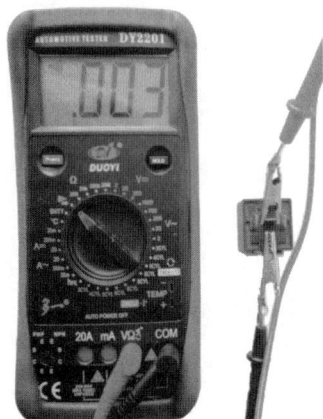

因此，该继电器为常开、常闭混合继电器。

②重新选择挡位：将功能量程旋钮开关调至电阻挡，一般选择 200 挡。

③万用表校零：如图 3-65 所示，两表笔短接，显示"0"。不显示"0"时，记录表笔短接时显示数值，在测量时应从读数中减去相应数值。

④测量继电器线圈电阻并读数：手握位置正确，将红、黑表笔分别接在继电器线圈脚 85、

86 引脚的两端,稳定后读数。

⑤判断继电器是否正常:若测量线圈阻值在 60 ~ 180Ω 之间,表明继电器正常。如图 3-66 所示,测得线圈脚实际电阻 $R = 85.1 - 0.2 = 84.9Ω$,初步判断继电器正常。

图 3-65 万用表校零 00.2   图 3-66 线圈脚电阻 85.1Ω

(4)仪表复位,现场"6S"整理。

任务实施一

四脚继电器的检测见本书所附任务工单十二。

任务实施二

五脚继电器的检测见本书所附任务工单十三。

任务五 单线制继电器控制车灯电路连接与测量

一、实训目的

本任务主要目的是加深学生对电磁继电器构造和原理的理解,了解电磁继电器衔铁吸合和释放时触点的转换情况,进一步巩固万用表检测保险、开关、导线、继电器和蓄电池测量方法,学习连接继电器控制灯电路并能测量电位。

(1)能用万用表检测电路的保险、开关、导线、灯、继电器和蓄电池是否正常。

(2)能根据电路图连接实物电路,并满足功能要求:开关 S 闭合,灯 HL 亮。

(3)能够测量电路中各点电位,并能对电路进行简单分析。

二、实训注意事项

(1)拆装电路时一定不能带电操作。

(2)注意:拆装汽车蓄电池正负极的正确顺序:拆是先拆负极,后拆正极;装是先装正极,后装负极。

(3)注意挡位选择。

(4)测量直流电压注意极性。

三、实训电路

实训电路如图 3-67 所示。继电器控制车灯电路仿真视频见二维码3-7。

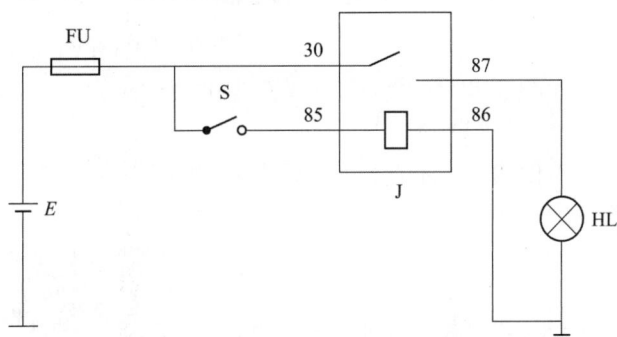

二维码 3-7

图 3-67　单线制继电器控制车灯电路

四、实训电路工作分析

动合继电器:平时触点是断开的,线圈通电,继电器动作后触点接通。

(1)S 断开:继电器线圈 85 和 86 不通电,继电器触点 87 和 30 断开,HL 不亮。

(2)S 闭合:继电器线圈 85 和 86 通电,继电器触点 87 和 30 闭合,HL 亮。

(3)电路工作流程如下。

①控制电路:蓄电池正极→熔断器 FU→开关 S→继电器 J 线圈(85—86)→蓄电池负极。

②工作电路:蓄电池正极→熔断器 FU→继电器 J 触点(30—87)→灯 HL→蓄电池负极。

五、实训器材

实训电路板 1 块(或熔断器、开关、继电器、车灯),数字万用表 1 块、螺丝刀 1 把、蓄电池 1 块、导线若干。

(1)蓄电池(E):蓄电池电压12V,一般红色为正极或标"＋",黑色(蓝色)为负极或标有"－",如图 3-68 所示。万用表直流电压20 测量,注意极性。

(2)保险盒或熔断器(FU),如图 3-69 所示。

保险输入端:粗线相连螺钉(1～2 个),和蓄电池正极相连(图 3-69 中间圆圈)。

保险输出端:细线相连螺钉(很多个),和单挡开关输入端相连(图 3-69 两侧圆圈)。

接线前,先用数字万用表蜂鸣挡检查保险输入和输出端是否接通,有蜂鸣声才能接线。

图 3-68   蓄电池

图 3-69   实训电路保险盒或熔断器

(3)单挡开关(S),如图 3-70 所示。图中圆圈为单挡开关,2 个接线螺钉,一个为输入端,另一个为输出端。

用数字万用表蜂鸣挡检测开关是否正常:拔起有蜂鸣声是接通,按下无蜂鸣声是断开。

(4)灯(HL)如图 3-71 所示。

图 3-70   实训电路单挡开关

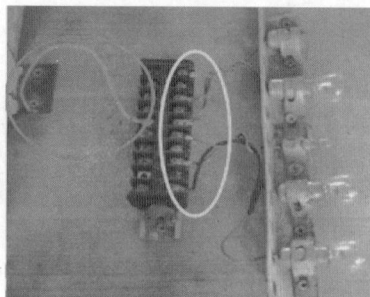

图 3-71   实训电路的灯

输入线螺钉 1 个(右侧圆圈内),输出线螺钉(左侧圆圈)已接负极搭铁。用万用表电阻挡检测灯是否正常。

(5)四脚继电器(J),如图 3-72 所示。

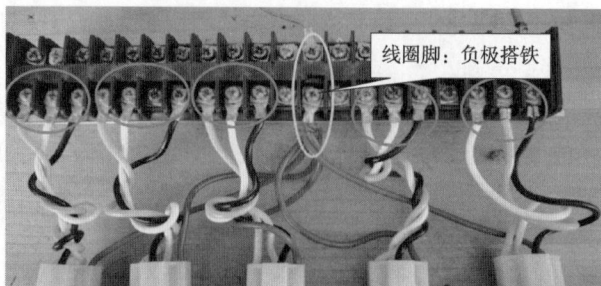

图 3-72   实训电路的四脚继电器

图中有 5 个四脚继电器(圆圈),每个继电器 4 个引脚分别用 4 根导线引出用螺钉固定在电路板上,其中 1 个线圈脚接地线。

（6）负极搭铁：如图 3-73 所示红色的导线为电路上公用负极，电路的参考点电位为 0，接蓄电池负极。

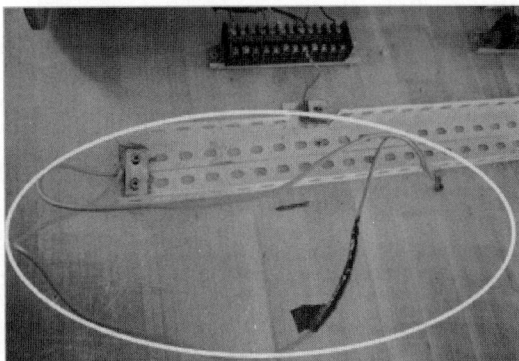

图 3-73　实训电路的负极搭铁

六、实训步骤

（一）电路元件检测

（1）选择工具：数字万用表。

（2）检测工具，判断数字万用表状态是否正常。

①直观检查：打开数字万用表的电源开关，观察显示屏上是否正常显示数值，有无电池符号 🔋。若显示屏出现电池符号 🔋，表明数字万用表的 9V 电池电压不足，需要更换；若显示屏无电池符号 🔋，表明电池电量充足，不需要更换。

检查万用表常用挡位显示屏能否正常显示数值。将功能量程旋钮开关调至交直流电压挡、交直流电流挡时应显示 3 个"0"；调至蜂鸣挡和电阻挡时应显示"1"。

②选择挡位：将功能量程旋钮开关调至蜂鸣挡。

③插入表笔：红表笔插入 VΩ 孔，黑表笔插入 COM 孔。

④检查蜂鸣器是否鸣响：将红、黑表笔短接，通过蜂鸣器是否鸣响判断万用表状态是否正常。

（3）检测导线通断：将红、黑表笔分别放置在导线两端测量一次，稳定后读数。有蜂鸣声则导线通，无蜂鸣声则导线断。

（4）检测熔断器通断：将红、黑表笔分别放置在熔断器输入端（粗线相连螺钉）和输出端（细线相连螺钉）测量，有蜂鸣声则通，无蜂鸣声则断。

（5）检测开关是否正常：将红、黑表笔分别放置在单挡开关两个螺钉拔起和按下测量两次，拔起有蜂鸣声是接通，按下无蜂鸣声是断开。开关一通一断是正常状态。

（6）检测灯是否正常：用电阻挡 20 测量，将红、黑表笔分别放置在灯输入端螺钉和输出端螺钉测量。正常灯泡会指示一定的电阻值。如果指示"1"或"0"就说明灯泡已经损坏，不能使用。

（7）检测蓄电池电压：重新选择直流电压 20，红表笔接蓄电池正极，黑表笔接蓄电池负极测量，稳定后读数。蓄电池正常电压在 12V 左右。

（8）判别四脚继电器引脚：如图 3-72 所示，蜂鸣挡测量，一个表笔始终接在接地的蓝色线圈引脚（黄色圈），另外表笔分别接红色圈的三个引脚：黄、白、黑，测量 3 次。读数为 3 位有效数字，无蜂鸣声的一对引脚为线圈引脚，余下的一对引脚为开关引脚。

电路中四脚继电器引脚判别方法见二维码 3-8。

二维码 3-8

（二）电路连接步骤（操作视频见二维码 3-9）

实训电路如图 3-74 所示，以单线制电路为例分析。

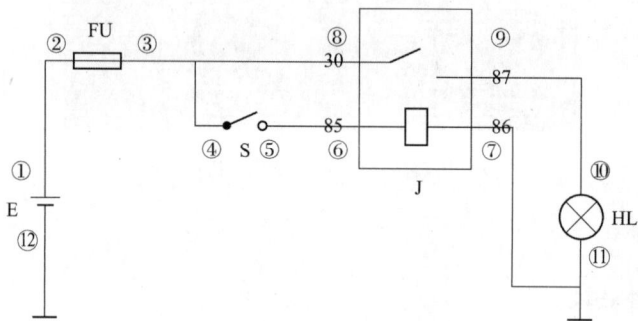

图 3-74　单线制继电器控制车灯电路

二维码 3-9

（1）连线。

①第一根：选带圆圈导线一端连接熔断器 FU 输入端。

②第二根：连接熔断器 FU 输出端与继电器开关引脚（30）。

③第三根：连接继电器开关引脚（87）与灯 HL 输入端。

④第四根：连接熔断器 FU 输出端与开关 S 输入端。

⑤第五根：连接开关 S 输出端与继电器线圈引脚（85）。

（2）检查连线：对照电路图，仔细检查实物电路，确保连线准确无误，导线摆放整齐。

（3）连接蓄电池：熔断器输入端接蓄电池正极，负极搭铁线接蓄电池负极。

（三）线路连接检验

开关 S 闭合（接通），继电器 J 动作，灯 HL 亮；开关 S 断开，继电器 J 动作，灯 HL 熄灭。

由此判断线路连接正常，工作正常。

（四）电路直流电位测量

测量要求：测量前先连接好电路，并检查保证电路正常。在开关 S 断开和接通状态下，对电路连接进行电位测量，并对测试数据进行简单分析。

（1）选择挡位：选择直流电压挡 20。

（2）插入表笔：红表笔插入 VΩ 孔，黑表笔插入 COM 孔。

（3）直流电位测量：打开电源开关。

①黑表笔（负极）接于蓄电池负极（即 12 点），红表笔（正极）分别接于 1 点、2 点、3 点、4 点、5 点、6 点、7 点、8 点、9 点、10 点、11 点电位，按下单挡开关测量各点的电位，共测量 11

次,稳定后读数填表。

②黑表笔(负极)接于蓄电池负极(即 12 点),红表笔(正极)分别接于 1 点、2 点、3 点、4 点、5 点、6 点、7 点、8 点、9 点、10 点、11 点电位,拔起单挡开关 S 测量各点电位共 11 次,稳定后读数填表。

(五)线路拆卸

电路和仪表复位,现场 6S 整理。

(1)拆卸蓄电池:先负后正。

(2)拆卸其他导线。

(3)器材整理。

任务实施

单线制继电器控制车灯电路连接与测量见本书所附任务工单十四。

课后思考题

一、填空题

1. 导体电阻是由它本身物理条件决定的。金属导体的电阻由它的_____、_____、材料的性质和温度决定。

2. 导体对电流阻碍作用叫作_____。电阻是导体本身的一种性质。不同的导体,电阻一般不同,电阻是对电流呈现阻碍作用的_____元件。

3. 在国际单位制中,电阻的单位是_____,简称_____,通常用希腊字母_____表示。

4. 固定电阻标示方法有:_____、_____、_____、色标法。

5. 光敏电阻:随着光的强弱而变化,无光照时电阻_____,有光照时电阻_____。

6. 变压器是利用_____原理工作的。

7. 汽车继电器常见的有三类:_____;_____;常开、常闭混合型继电器。

8. 电磁铁的组成:电磁铁分为_____、_____及_____三部分。

9. 继电器是用来控制_____的接通与切断,是一种利用_____来控制_____的_____。

10. 变压器按用途分为_____、_____、_____、开关变压器等。

11. 电容器简称_____,顾名思义是"装电的容器",是一种容纳_____的器件。电容(或电容量)是表征电容器容纳电荷本领的物理量。

12. 电容的_____是法拉,常用的电容单位有毫法(mF)、微法(μF)、纳法(nF)和皮法(pF)。

13. 电容器漏电的大小用_____来衡量。电容器漏电_____,也就是绝缘电阻_____。

14. 电容器的直标法:就是在电容器的表面上直接标出_____、_____。

15. 常开、常闭混合型继电器平时动断触点_____,动合触点断开,当继电器线圈通电,_____、_____则变成与平时相反的状态。

二、选择题

1. a 是长 1m,横截面为 $0.1m^2$ 的康铜线;b 是长 1m,横截面为 $0.2mm^2$ 的康铜线;c 是长 0.5m,横截面为 $0.2mm^2$ 的康铜线;d 是长 1m,横截面为 $0.1m^2$ 的镍铬线。要研究导体的电阻与材料是否有关,应选取做实验的金属线是( )

    A. a 和 b   B. b 和 c   C. a 和 c   D. a 和 d

2. 两段长短、粗细和材料都不相同的导体分别接在电压相同的电路中,则下列判断正确的是( )

    A. 长导体中的电流一定大些

    B. 短导体中的电流一定大些

    C. 无论哪段导体被拉长后,通过的电流都一定变小

    D. 无论哪段导体被冷却后,通过的电流都一定变小

3. 一根铜导线的电阻为 R,要使电路中的电阻变为 $2R$,以下方法可行的是( )

    A. 将铜导线对折起来,接在电路中

    B. 将同样长,同样粗的铝导线代替铜导线接在电路中

    C. 将铜导线用拉丝机拉长至原来 2 倍

    D. 将铜导线用拉丝机拉长至原来 $\sqrt{2}$ 倍

4. 在如图 3-75 所示电路中,开关闭合后,电流表的示数是 0.6A,当缓慢地给线圈加热一段时间后,观察电流表的示数,可以看到电流表的示数将( )

    A. 小于0.6A   B. 等于0.6A   C. 大于0.6A   D. 无法判断

5. 如图 3-76 所示,AB 和 BC 是由同种材料制成的长度相同、横截面积不同的两段导体,将它们串联后连入电路中,比较通过它们的电流的大小,有( )

    A. $I_{AB} < I_{BC}$ B. $I_{AB} = I_{BC}$ C. $I_{AB} > I_{BC}$ D. 无法确定

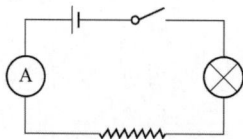

图 3-75　选择题第 4 题图　　图 3-76　选择题第 5 题图

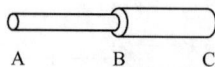

6. 关于导体电阻的正确说法是( )

    A. 因为导体电阻表示导体对电流的阻碍作用,所以,导体中没有电流通过时,导体的电阻为零

    B. 导体两端电压越大,电流也越大,所以,导体电阻随电压的增加而变小

    C. 导体电阻是导体阻碍电流的性质,它的大小跟电压、电流的大小都没有关系

    D. 导体两端电压越大,电流也越大,所以,导体电阻随电压的增加而变大

7. 继电器是小电流控制大电流的( )。

    A. 电子开关   B. 普通开关   C. 电磁开关

8. 继电器有控制电路的接通与切断作用,还能起( )。

    A. 放大作用   B. 保护作用   C. 整流作用

三、判断题

1. 通常在选用电阻器时,只考虑标称阻值、阻值误差和额定功率 3 项。　　　　（　　）
2. 金属膜电阻的特点:体积大,噪声小,稳定性差,成本低。　　　　（　　）
3. 电阻的主要物理特征是变电能为热能,它是一个耗能元件。　　　　（　　）
4. 喇叭继电器的工作原理是按下按钮时,电源电流经过继电器线圈,同时通电线圈产生磁力,吸下触电臂,从而接通喇叭电源;松开按钮,继电器内线圈断电,失去磁力,触电臂受弹簧力影响弹回原位,喇叭断电。
5. 蜂鸣挡确定继电器的引脚插入表笔:黑表笔插入 VΩ 插孔,红表笔插入 COM 孔。
　　　　（　　）
6. 用汽车专用万用表检测汽车继电器电磁线圈两端的连通性。一般线圈两个引脚的直流电阻为 75～150Ω。　　　　（　　）
7. 继电器是电磁学原理在汽车上的广泛应用之一。　　　　（　　）
8. 常闭触点(动断触点):继电器线圈通电时处于接通状态的静触点,即平时接通有电断开。　　　　（　　）
9. 云母电容器广泛应用于对电容的稳定性和可靠性要求低的场合,并可用作一般电容器。
　　　　（　　）
10. 可变电容器一般由相互绝缘的两组极片组成:固定不动的一组极片称为动片,可动的一组极片称为定片。　　　　（　　）
11. 空气介质可变电容器一般用在电子管收音机、电子仪器、高频信号发生器、通信设备,及有关电子设备中。密封双连可变电容器用在晶体管收音机和有关电子仪器、电子设备中。
　　　　（　　）
12. 变压器是一种常见的电气设备。它是根据电磁感应的原理,将某一等级的交流电压和电流转换成同频率的另一等级电压和电流的设备。　　　　（　　）
13. 磁场的强弱和流过线圈的电流、线圈的匝数、线圈的长度、直径大小、有无铁芯等有关。点火系统、起动电动机、充电系统和继电器等的工作原理都基于磁感应原理。
　　　　（　　）
14. 常见变压器在电路原理图中,变压器通常用字母"Y"表示。　　　　（　　）
15. 电感的单位是亨利,简称亨,用 H 表示。常用单位还有毫亨(mH)、微亨(μH)。
　　　　（　　）
16. 变压器绕组的直流电阻很小,用万用表的低阻挡检测可判断绕组有无短路或断路情况。
17. 一般情况下,电源变压器(降压式)初级绕组的直流电阻多为零点几至几欧姆,次级直流电阻多为几十至上百欧姆。　　　　（　　）

四、简答题

1. 简述电阻的作用是什么?
2. 简述万用表测量电阻的步骤是什么?
3. 简述用万用表测试四脚继电器引脚和判断其是否正常的步骤。
4. 简述继电器的结构及工作原理。

5. 变压器的作用是什么？画出变压器的文字符号和图形符号。

6. 简述用数字万用表电阻挡测变压器初、次级绕组直流电阻步骤。

7. 简述数字万用表测量电解电容的步骤。

8. 画出单线制继电器控制车灯电路图并写出连接步骤。

9. 简述继电器控制车灯电路中直流电位的测量步骤。

10. 万用表判别继电器线圈脚和开关脚选用什么挡位？测量结果有什么特点？

五、作图题

画出电阻、电容、继电器、变压器的文字符号与图形符号。

项目四　二　极　管

项目描述

目前大部分的电子产品,如计算机、电视、手机、汽车电器等核心单元都和半导体有着极为密切的关联。无论从科技或是经济发展的角度来看,半导体的作用都是非常巨大的。半导体制成的二极管在汽车电子电路以及汽车电气设备中应用也非常广泛。汽车发电机的整流器、发光二极管(LED)指示灯等都是不同类型的二极管,汽车上的各用电设备虽然采用直流电源,但大多使用的是交流发电机经整流装置转换成的直流电,转换直流电的关键性元件就是二极管。本项目主要介绍半导体的基本知识、二极管的结构、特性和正弦交流电;学习二极管组成的整流电路,学会利用万用表检测二极管是否正常和极性,为后续课程的学习打下基础。

知识目标

(1)了解半导体的基本知识;

(2)掌握二极管的结构、特性、作用、符号和种类,学会使用万用表检测二极管是否正常,并判断其极性;

(3)理解正弦交流电的产生,掌握单相正弦交流电和三相正弦交流电概念,工作波形及三要素;

(4)掌握几种常见整流电路的组成、工作原理和电路特点;

(5)了解车用整流电路的组成、工作原理和电路特点。

技能目标

(1)能分析二极管的单向导电性;

(2)能用数字万用表检测二极管是否正常并判断其极性;

(3)能分析常见整流电路的组成和工作原理;

(4)能用万用表检测六管整流器。

任务一　二极管的认知

一、半导体的基本知识

物质按导电能力强弱的不同可分为导体、半导体和绝缘体三大类。半导体的导电能力介于导体和绝缘体之间。半导体是指一种导电性可控,范围从绝缘体到导体之间的材料。

1.半导体特性

(1)热敏特性:大多数半导体对温度都比较敏感,且随温度的升高导电能力增强,电阻减小。利用半导体的热敏特性可以制成各种热敏元器件,如热敏电阻等。

(2)光敏特性:许多半导体在受光照射后,导电能力会增强,电阻会减小。利用光敏特性可制成各种光敏元件或器件,如光敏电阻、光电二极管等。

(3)掺杂特性:在纯净的半导体中掺入微量的某种杂质元素,导电能力会增强很多,电阻会急剧减小。二极管和晶体管都是利用掺杂特性制成的。

2.半导体分类

(1)按照半导体是否掺入杂质,可以把半导体分为两种:一种为本征半导体,另一种为杂质半导体。

本征半导体是经过高度提纯,形成不含其他杂质完全纯净的且具有晶体结构的半导体。但导电能力很弱,不能用来制造半导体器件。

杂质半导体则是在本征半导体中掺入某些微量元素,使半导体的导电能力成百万倍的提高,导电性是半导体最显著的性质。杂质半导体是用来制作半导体器件的基本材料。

(2)按照掺入杂质的不同,杂质半导体可以分为 P 型半导体和 N 型半导体。

在本征半导体(硅或锗)中掺入微量的三价元素(如硼、铟、铝等)所制成的半导体称为 P 型半导体。半导体中多数载流子为空穴,少数载流子为自由电子,其主要导电靠空穴,故又称为空穴型半导体。

在本征半导体(硅或锗)中掺入微量的五价元素(如磷或砷等)所制成的半导体称为 N 型半导体。半导体中多数载流子为自由电子,少数载流子为空穴,其主要导电靠自由电子,故又称为电子型半导体。

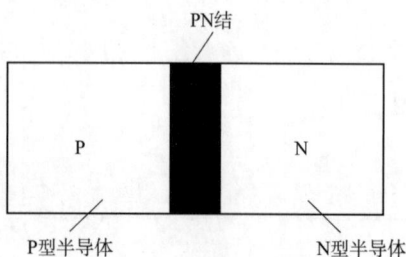

无论是 N 型半导体还是 P 型半导体,正、负电荷的总量是相等的,它们是电中性的。

3.PN 结

采用不同的掺杂工艺,通过扩散作用,将 P 型半导体与 N 型半导体制作在同一块半导体(通常是硅或锗)基片上,在它们的交界面就形成一层特殊的薄层称为 PN 结,如图 4-1 所示。PN 结是构成二极管、晶体管和许多半导体元器件的基础。

图 4-1　PN 结结构示意图

二、二极管

晶体二极管又叫半导体二极管,简称二极管。二极管是最简单、最基本的电子元件之一。

1.二极管的结构与符号

二极管内部由一个 PN 结构成,其外部引出两个电极,通过外壳封装而成。从 P 区引出的电极为二极管的正极,又叫作阳极;从 N 区引出的电极为二极管的负极,又叫作阴极,其结构如图 4-2 所示。二极管的电路图形符号如图 4-3 所示,文字符号用 VD 表示,图形符号中箭头的方向表示二极管正向导通时电流的方向,正常工作时电流由正极流向负极。

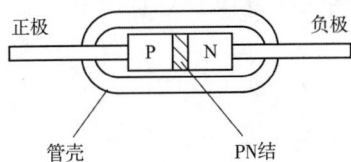

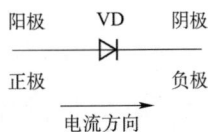

图 4-2 二极管的结构　　　　图 4-3 二极管的电路图形符号

2.二极管的特性(见二维码 4-1)

二极管由一个 PN 结构成,可以通过下面的实验来验证二极管的特性。

(1)二极管加正向电压(正向偏置,阳极接正、阴极接负)时,指示灯 HL 亮,二极管处于正向导通状态,二极管正向电阻较小,正向电流较大(相当于一个闭合的开关)。如图 4-4 所示。

二维码 4-1

a)　　　　　　　　　　　　　　　　b)

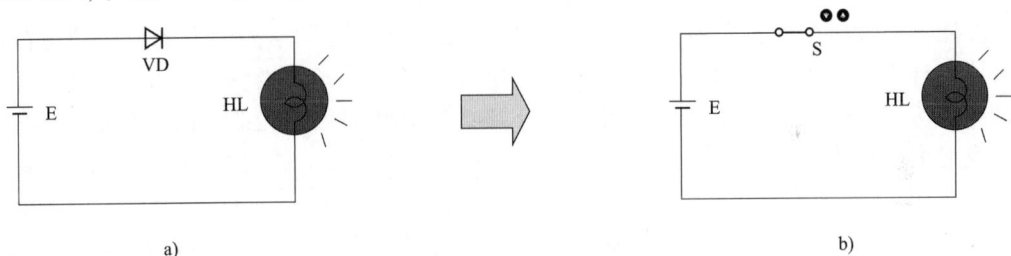

图 4-4 二极管加正向电压电路和等效电路

(2)二极管加反向电压(反向偏置,阳极接负、阴极接正)时,二极管处于反向截止状态,二极管反向电阻较大,反向电流很小(相当于一个断开的开关)。如图 4-5 所示。

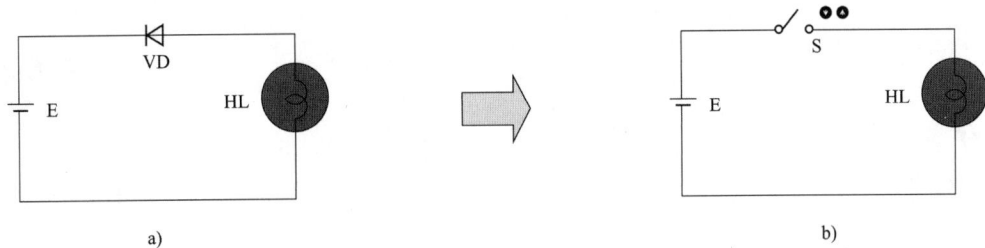

a)　　　　　　　　　　　　　　　　b)

图 4-5 二极管加反向电压电路和等效电路

由此可知:二极管由一个 PN 结构成,PN 结具有单向导电性,即 PN 结加正向电压导通,加反向电压截止。故二极管具有单向导电性,即二极管加正向电压导通,二极管加反向电压截止。

3.二极管的常用类型

二极管的种类很多,按选用材料不同可分为硅二极管和锗二极管两大类;按用途不同可分为整流二极管、发光二极管、稳压二极管、开关二极管等;按结构不同可分为点接触型二极管和面接触型二极管。

（1）整流二极管如图 4-6 所示。其图形符号：⊳⊢ VD

整流二极管是利用单向导电性将交流电转变为直流电的半导体元件，主要用于整流电路中。整流二极管可用半导体锗或硅等材料制造。硅整流二极管的击穿电压高，反向漏电流小，高温性能良好。通常高压大功率整流二极管都用高纯单晶硅制造（掺杂较多时容易反向击穿）。这种元件的截面积较大，能通过较大电流（可达上千安），但工作频率不高，一般在几十千赫以下。

（2）稳压二极管，如图 4-7 所示。其图形符号：

负极

⊣▷ V_Z

正极

稳压二极管简称稳压管，是一种特殊工艺制成的硅二极管。主要作为稳压器或电压基准元件使用。稳压二极管的特点是击穿后，管子的电流在较大范围内变化，其两端的电压基本保持不变。利用此特性，可使稳压管在电路中起到稳压的作用。

（3）发光二极管（light emission diode，简称为 LED）如图 4-8 所示。其图形符号：⊢⊲ LED

发光二极管将电能转换为光能，能发出可见光，常用于指示信号。发光二极管与普通二极管一样由一个 PN 结组成，也具有单向导电性。当给发光二极管加上正向电压后，二极管导通，产生光和热，半导体就发出从紫外到红外不同颜色的光线，光的强弱与电流有关。发光类型分为两种，可见光有红、黄、绿三种颜色，不可见光指红外光。发光二极管在汽车上应用广泛，典型应用实例如桑塔纳、奥迪等汽车上的充电指示灯，还有很多汽车上电子仪表中的显示器也用到发光二极管。通常新发光管引脚较长的为正极，引脚较短的为负极。

（4）光敏二极管也叫光电二极管，如图 4-9 所示。其图形符号：⊢⊲

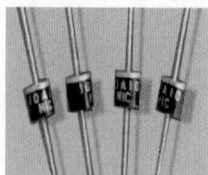

图 4-6　整流二极管　　　图 4-7　稳压二极管　　　图 4-8　发光二极管　　　图 4-9　光敏二极管

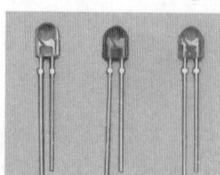

光敏二极管是一种对光有敏感作用的二极管，能将光信号转换为电信号。光敏二极管与半导体二极管在结构上是类似的，管壳上开有一个玻璃窗口，其管芯是一个具有光敏特征的 PN 结，具有单向导电性，因此工作时需加上反向电压。无光照时，光敏二极管截止。当受到光照时，光敏二极管导通，形成光电流。面积大时还可制成光电池。

（5）汽车专用整流二极管。

为了满足汽车交流发电机整流电路的需要，专门设计了汽车用整流二极管。它是面接触型硅二极管,内部结构与一般硅整流二极管基本相同,而外形结构却不同,它只有一根引出线,另一个电极是外壳。其外形和结构如图4-10、图4-11所示。

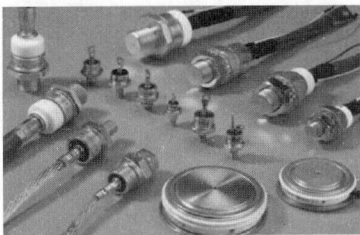 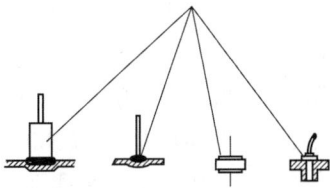

图4-10 汽车用整流二极管外形　　图4-11 汽车用二极管的结构

汽车用硅整流二极管特点:

(1)工作电流大,正向平均电流50A,浪涌电流600A。

(2)反向电压高,反向重复峰值电压270V,反向不重复峰值电压300V。

(3)汽车用整流二极管可分为正向二极管和反向二极管两种。正向二极管的引出线为正极,外壳是负极,如图4-12所示;反向二极管的引出线为负极,外壳是正极,如图4-13所示。

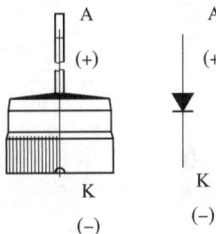 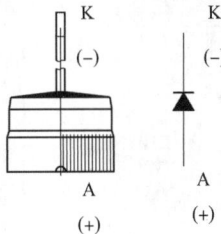

图4-12 正向二极管　　　图4-13 反向二极管

任务二 二极管的检测

一、普通整流二极管的检测步骤(见二维码4-2)

(1)选择工具:数字万用表。

(2)检测工具:判断数字万用表状态是否正常。

二维码4-2

①直观检查:打开数字万用表的电源开关,观察显示屏上是否正常显示数值,有无电池符号 ▬▬。若显示屏出现电池符号 ▬▬,表明数字万用表的9V电池电压不足,需要更换;若显示屏无电池符号 ▬▬,表明电池电量充足,不需要更换。

检查万用表常用挡位显示屏能否正常显示数值。将功能量程旋钮开关调至交直流电压挡、交直流电流挡时应显示3个"0";调至蜂鸣挡和电阻挡时应显示"1"。

②选择挡位:将功能量程旋钮开关调至蜂鸣挡。

③插入表笔:红表笔插入VΩ孔,黑表笔插入COM孔。

④检查蜂鸣器是否鸣响:将红、黑表笔短接,通过蜂鸣器是否鸣响判断万用表状态是否正常。

如图 4-14 所示,红、黑表笔短接,有蜂鸣声,读数 0.002,由此判断数字万用表状态正常。

(3)检测整流二极管。

①选择挡位:将功能量程旋钮开关调至二极管挡。

②检测整流二极管是否正常。

将万用表的红、黑表笔分别跨接在被测二极管的电极两端,对调红、黑表笔再测一次,记录显示屏上的数值。此时数字万用表显示的是所测二极管的压降(单位为 mV)。

正常情况下,正向测量时压降为 300～700mV,反向测量时为溢出"1"。

若正反测量均显示"0",蜂鸣器都鸣响,说明二极管短路;若正反测量均显示溢出"1",说明二极管开路。

如图 4-15 所示,测得 0.458V 为正向电压;如图 4-16 所示,测得"1"为反向电压。由此可以判别该整流二极管是正常的。

图 4-14　两表笔短接　　　图 4-15　加正向电压　　　图 4-16　加反向电压
　　　　　　　　　　　　　　　　二极管导通　　　　　　二极管截止

③判断整流二极管的电极。

如图 4-17 所示,万用表显示屏上的数值约为 0.636V(NPN 型硅材料),为二极管的正向导通电压,则红(＋)表笔接二极管的正极,黑(－)表笔接二极管的负极;

反之,如图 4-18 所示,数字万用表显示屏上的数值数字是"1",为二极管的反向截止电压,则红(＋)表笔接二极管的负极,黑(－)表笔接二极管的正极。

图 4-17　正向导通电压　　　　　　　图 4-18　反向截止电压

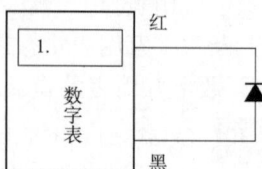

(4)仪表复位,现场"6S"整理。

二、发光二极管的检测步骤(见二维码 4-3)

(1)选择工具:数字万用表。

(2)检测工具:判断数字万用表状态是否正常。

①直观检查:打开数字万用表的电源开关,观察显示屏上是否正常显示数值,有无电池

二维码 4-3

符号 。若显示屏出现电池符号 ，表明数字万用表的9V电池电压不足，需要更换；若显示屏无电池符号 ，表明电池电量充足，不需要更换。

检查万用表常用挡位显示屏能否正常显示数值。将功能量程旋钮开关调至交直流电压挡、交直流电流挡时应显示3个"0"；调至蜂鸣挡和电阻挡时应显示"1"。

②选择挡位：将功能量程旋钮开关调至蜂鸣挡。

③插入表笔：红表笔插入VΩ孔，黑表笔插入COM孔。

④检查蜂鸣器是否鸣响：将红、黑表笔短接，通过蜂鸣器是否鸣响判断万用表状态是否正常。

如图4-19所示，红、黑表笔短接，有蜂鸣声，读数0.002，由此判断数字万用表状态正常。

(3)检测发光二极管。

①选择挡位：将功能量程旋钮开关调至二极管挡。

②检测发光二极管是否正常。

将万用表的红、黑表笔分别接在发光二极管的电极两端，对调红、黑表笔再测一次，观察发光二极管是否发光，稳定后读数。

正常情况下，发光二极管正向测量时发光，压降约为1.7V，反向测量时不发光，显示溢出"1"。

若管子发光较暗，说明是普通LED，如果能正常发光且亮度适中，说明被测发光管属于高亮度LED。

若正反测量均显示"0"，蜂鸣器都鸣响，说明二极管短路；若正反测量均显示溢出"1"，说明二极管开路。

如图4-20所示测得1.733V为正向电压；如图4-21所示测得"1"为反向电压。

由此可以判别该发光二极管是正常的。

图4-19 两表笔短接　　图4-20 加正向电压　　图4-21 加反向电压
　　　　　　　　　　　　　　二极管导通　　　　　二极管截止

③判断发光二极管的电极。

读数为1.733V，发光二极管发光：此为正向电压，红表笔接发光二极管正极，黑表笔接负极。

读数为"1",发光二极管不发光:此为反向电压,红表笔接发光二极管负极,黑表笔接正极。

(4)仪表复位,现场"6S"整理。

任务实施

二极管的检测见本书所附任务工单十五。

任务三 正弦交流电

一、正弦交流电的基本概念

(1)直流电:简称 DC。直流电的方向不随时间而变化。直流电用大写字母 U、I 表示。通常又分为脉动直流电和稳恒电流。稳恒电流(图 4-22)是指电流大小(电压高低)和方向(正负极)都不随时间(相对范围内)而变化,比如干电池、蓄电池等。脉动直流电是指电流(电压)方向(正负极)不变,但大小随时间变化。脉动直流电中有交流成分,比如:将 50Hz 的交流电经过二极管整流后得到的就是典型脉动直流电。

(2)交流电:大小和方向都随时间做周期性变化的电流或电压,叫交变电流、交变电压,简称交流电。交流电在一个周期内的平均电流为零。不同于直流电,它的方向是会随着时间发生改变的,而直流电没有周期性变化。常见的波形例如锯齿波(图 4-23)和方波(图 4-24)。

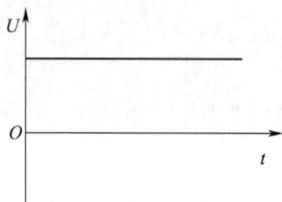

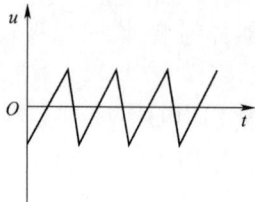

图 4-22　　　　　　　　　图 4-23　锯齿波交流电压　　　　　　图 4-24　方波电压

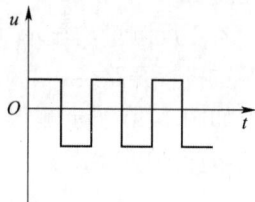

(3)正弦交流电:简称 AC,是指波形为正弦曲线,大小和方向按正弦规律变化的电流或电压。通常我们所说的交流电,均指正弦交流电(图 4-25)。交流电用小写字母 u、i 表示。

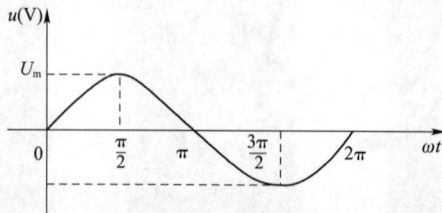

图 4-25　正弦交流电

二、单相正弦交流电的产生

单相正弦交流电由交流发电机产生。最简单的发电机结构如图 4-26 所示。它主要由固定在机壳上的定子和转子构成。转子是绕有线圈的圆柱形铁芯,可以绕轴旋转。转子线圈的两端分别接在彼此绝缘的两个集电环上,每个集电环和电刷保持良好的接触,发动机转子线圈中所产生的交流电通过电刷送往外电路。当单匝线圈在外力的作用下绕轴以角速度 ω 匀速转动时,线圈一边做切割磁感应线运动一边产生感应电动势,一旦外电路闭合,即可产生感应电流。

正弦交流电动势的解析式:

$$e = E_m \sin\omega t$$

正弦交流电的波形如图 4-27 所示。

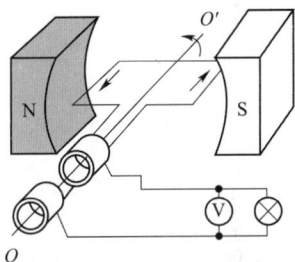

图 4-26　简单的发电机结构

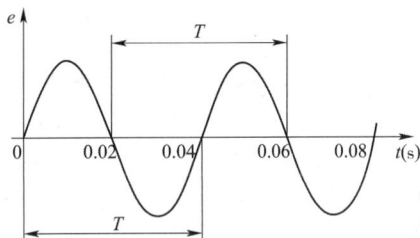

图 4-27　正弦交流电的波形

三、正弦交流电的三要素

正弦交流电压、电流和电动势等物理量,常称为正弦量。正弦量的特征表现在变化的快慢、大小以及初始相位三个方面,这三个量称为正弦量的"三要素",它们分别用频率(或周期)、幅值(或有效值)和初相位来确定。

1. 周期与频率

周期是指正弦交流电完成一次周期性变化所需的时间,用 T 表示,单位为 s(秒),如图 4-28 所示是两个周期的曲线图,可见周期等于相邻两个最大值(或最小值)之间的时间间隔。频率是指交流电在 1s 内完成周期性变化的次数。用 f 表示,单位为 Hz(赫兹)。周期与频率互为倒数。

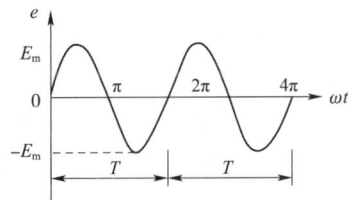

图 4-28　正弦交流电周期变化波形图

我国和大多数国家都采用 50Hz 作为电力标准频率(有些国家如美国、日本采用 60Hz),习惯上也称为工频。

正弦量变化的快慢除用频率和周期外,还可以用角频率 ω 表示,单位为 rad/s(弧度/秒)。

2. 最大值(幅值)和有效值

最大值(幅值)是指交流电在一个周期内所能达到的最大数值。交流电最大值分别用 I_m(电流最大值)、U_m(电压最大值)、E_m(电动势最大值)表示。

将交流电和直流电通过同样阻值的电阻,若在相同时间内,两个电阻产生的热量相等,就把该直流电的数值定义为交流电流的有效值(图 4-29)。

正弦交流电的电压、电流的有效值分别以 U、I 表示。平常所指交流电压、电流的大小均是指它的有效值。电气设备上标注的额定值以及交流电仪表读数也均为有效值。

正弦交流电有效值与最大值的关系:

$$I = \frac{I_m}{\sqrt{2}} \qquad U = \frac{U_m}{\sqrt{2}}$$

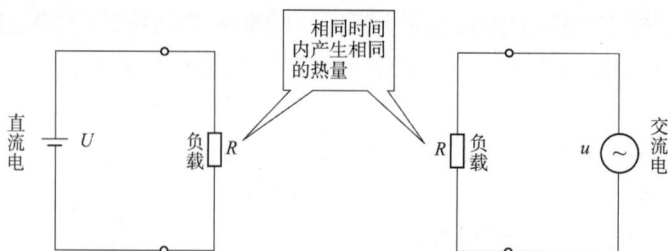

图 4-29 交流电流的有效值

3. 相位和初相

如图 4-30 所示,正弦电流交流电的瞬时表达式为:

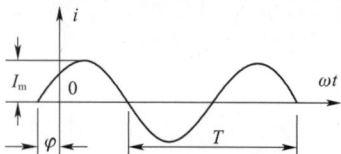

$$i = I_m \sin(\omega t + \Phi_i) \tag{4-1}$$

式中$(\omega t + \varphi_i)$称为正弦量的相位,是反映交流电任何时刻状态的物理量。例如:当相位$(\omega t + \varphi_i) = 90°$,$i = I_m$,当$(\omega t + \varphi_i) = 180°$时,$i = 0$。可见,相位随时间不断变化,电流$i$也就不断变化。相位是用电角度表示的,所以也称相位角。

图 4-30 正弦交流电相位波形图

交流电在$t = 0$时所具有的相位,叫初相位,用φ表示,单位是弧度或度,规定初相位的绝对值不超过2π弧度,显然,初相位决定了$t = 0$时刻的瞬时值(又称初值)的大小。

【例 4-1】 分析如图 4-31 所示波形的三要素。

解:从图 4-31 可知为正弦交流电流波形

周期:$T = 0.02s$。

最大值为:$I_m = 0.05A$。

初相位:$\varphi = 0$。

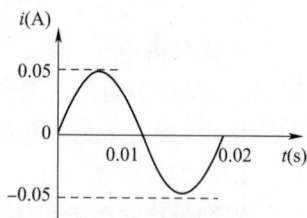

图 4-31 例 4-1 正弦交流电波形图

四、三相正弦交流电的产生

三相交流电动势是由三相交流发电机(图 4-32)产生的。它主要由定子和转子组成。转子是电磁铁,其磁极表面的磁场按正弦规律分布。定子铁芯中嵌放三个在尺寸、匝数和绕法上完全相同的线圈绕组,每一个绕组称为一相绕组,分别叫作 U 相、V 相、W 相绕组,首端分别用 U_1、V_1、W_1 表示,称为相头,末端用 U_2、V_2、W_2 表示,称为相尾(图 4-33)。三个绕组的相头(或相尾)在空间位置上彼此相隔 120°。

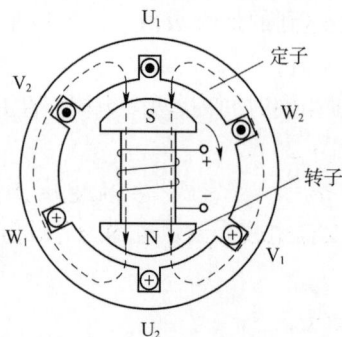

图 4-32 三相交流发电机示意图

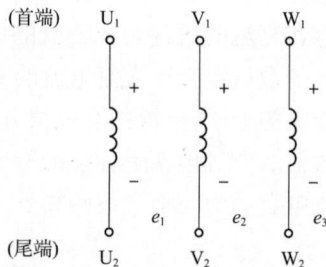

图 4-33 三相绕组示意图

当转子在原动机带动下以角速度 ω 作逆时针转动时,三相定子绕组依次切割磁力线,产生三个对称的正弦交流电动势,三相绕组所发出的三相电动势幅值相等,频率相同,彼此之间相位相差120°,表示如下:

$$u_u = U_m \sin\omega t$$
$$u_v = U_m \sin(\omega t - 120°)$$
$$u_w = U_m \sin(\omega t - 240°) = U_m \sin(\omega t + 120°)$$

其波形图如图4-34所示。

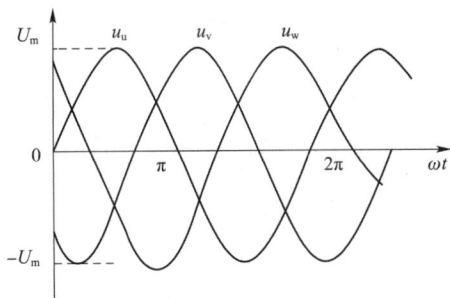

图4-34 波形图

三相正弦交流电为三个按正弦规律变化的电流或电压,幅值相等,频率相同,彼此之间相位相差120°。三相发电机中各绕组电动势到达幅值(或零值)有先后次序,三个交流电动势到达最大值的先后次序称为相序。上述的三相电源的相序为 U→V→W。在电力系统中一般用黄、绿、红区别 U、V、W 三相。

正序:U→V→W→U 的次序循环。

负序:U→W→V→U 的次序循环。

任务四 整 流 电 路

汽车供电系统使用直流电,然而汽车发电机基本都是交流发电机,输出三相交流电,所以,需要将交流电变换为直流电,这一过程称之为整流,需要借助二极管的整流作用来实现。

一、整流电路的作用

整流电路可将交流电压转变为脉动直流电压。

二、整流原理

利用二极管的单向导电性进行整流,即"正向导通,反向截止"。

分析时可把二极管当作理想元件处理,即二极管的正向导通电阻为零(相当于一个闭合的开关),反向电阻为无穷大(相当于一个断开的开关)。

三、常见的整流电路

常见的整流电路有半波、全波、桥式和倍压整流电路,根据输入电源的相数,有单相和三相整流等。

1.单相半波整流电路

单相半波整流电路是最简单的整流电路。

(1)组成(图4-35)。

T:电源变压器,作用将交流高电压变为交流低电压。

VD:整流二极管。

R_L:负载电阻。

（2）工作原理。

正半周（$0 \sim \pi$）：如图 4-36 所示，u_2上正、下负时，二极管导通，负载上有电流流过。

负半周（$\pi \sim 2\pi$）：如图 4-36 所示，u_2上负、下正时，二极管截止，负载上没有电流流过。

（3）工作波形（图 4-36）。

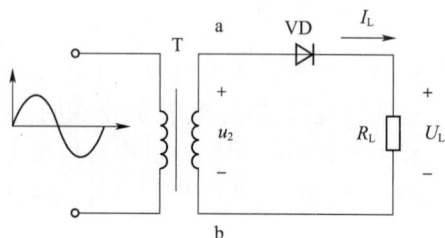

图 4-35　单相半波整流电路

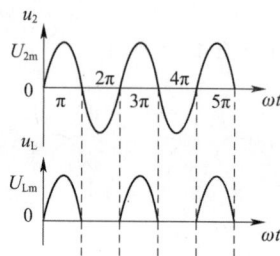

图 4-36　工作波形

（4）输出电压平均值 U_L：$U_L = 0.45U_2$。

（5）电路特点：半波整流电路的优点是结构简单，元件少。但是其也存在明显的缺点，由于只利用了电源的半个周期，电源的利用率较低，而且输出电压低，脉动较大。故半波整流只用在对脉动要求不高，输出电流较小（几十毫安以下）的直流设备。

2. 单相桥式整流电路（全波整流）

（1）组成：全波整流电路由 4 个二极管组成，如图 4-37 所示。

T：电源变压器，作用将交流高电压变为交流低电压。

VD_1、VD_2、VD_3、VD_4：整流二极管，作为理想开关。

R_L:负载电阻。

（2）工作原理。

u_2处于正半周时：VD_1、VD_3 导通，VD_2、VD_4 截止，电流流经 VD_1、R_L 和 VD_3 并在 R_L上产生压降。

u_2处于负半周时：VD_2、VD_4 导通，VD_1、VD_3 截止，电流流经 VD_2、R_L 和 VD_4 并在 R_L上产生压降。

注意：桥式整流电路的 4 个二极管的正负极不能接反，交流电源和直流负载也不能接错。否则，可能发生电源短路，不仅烧坏整流管，甚至烧坏电源变压器。

（3）工作波形（图 4-38）。

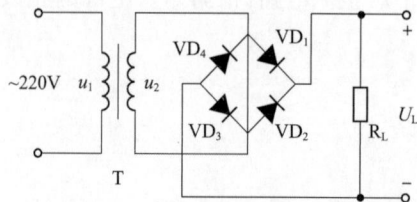

图 4-37　单相桥式整流电路

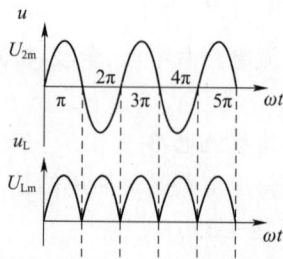

图 4-38　工作波形

在桥式整流电路中，VD_1、VD_3 和 VD_2、VD_4 轮流导通，流过负载的是两个半波的电流，电流方向相同，故称为全波整流。从桥式整流的波形图（图4-38）可看出其输出直流电压的脉动程度相比半波整流降低。

（4）输出电压平均值 U_L：$U_L = 0.9U_2$。

（5）电路的其他画法如图4-39所示。

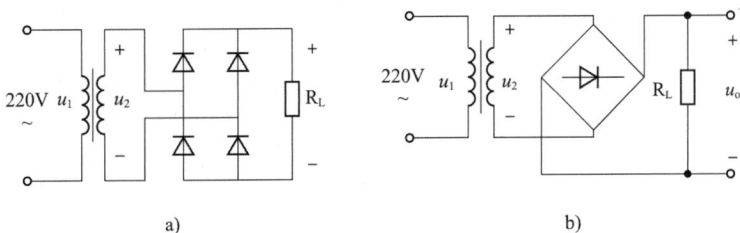

图4-39 桥式整流电路的其他画法

（6）桥式整流电路的特点：桥式整流电路的优点是电源利用率高，输出电压提高了一倍。流过每个管子的电流仅为输出电流的一半，有利于电路的保护。

但是，单相整流电路只使用三相供电线路中的一相电源，如果电流较大，将使三相负载严重不平衡，影响供电质量。故单相桥式整流电路仅适用于中、小功率的整流。大功率整流（几千瓦以上）一般采用三相整流电路。三相整流不仅可以做到三相电源的负载平衡，而且输出的直流电压脉动更小。汽车整流电路采用三相整流。

任务五 汽车整流电路及检测

汽车整流电路是将交流（AC）转化为直流（DC）的整流装置。汽车整流器的目的是在瞬间向电器提供足够大的电流和稳定的电压。

汽车整流器将定子绕组的三相交流电变为直流电。下文以汽车上最简单的六管整流器为例分析。

一、六管整流器（三相桥式整流电路）

交流发电机定子三相绕组中感应产生交流电，再通过6只二极管组成的三相桥式整流电路整流为直流电。

（1）电路：如图4-40所示。

交流发电机：产生三相交流电 U、V、W。

VD_1、VD_2、VD_3、VD_4、VD_5、VD_6：6只硅整流二极管。

VD_1、VD_3、VD_5：3个二极管负极连在一起，共阴极组，正极接交流电输入端。

VD_2、VD_4、VD_6：3个二极管正极连在一起，共阳极组，负极接交流电输入端。

（2）整流原理。

共阴极组：当3只正二极管负极端连接在一起时，正极端电位最高者导通。

共阳极组：当3只负二极管正极端连接在一起时，负极端电位最低者导通。

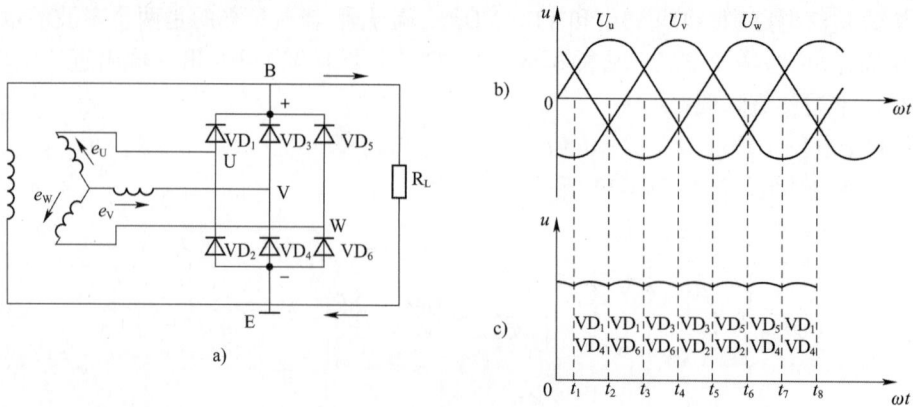

图 4-40　三相桥式整流电路

（3）工作原理。

在每一瞬间,共阴极组中阳极电位最高的二极管导通;共阳极组中阴极电位最低的二极管导通。

在 $t_1 \sim t_2$ 期间:U_u最大,U_v最小,VD_1 导通,VD_4 导通。

在 $t_2 \sim t_3$ 期间:U_u最大,U_w最小,VD_1 导通,VD_6 导通。

在 $t_3 \sim t_4$ 期间:U_v最大,U_w最小,VD_3 导通,VD_6 导通。

在 $t_4 \sim t_5$ 期间:U_v最大,U_u最小,VD_3 导通,VD_2 导通。

在一个周期中,每个二极管只有三分之一的时间导通。同时导通的二极管管子总是两个,即正、负管子各一个。三相桥式整流电路中二极管依次循环导通,使得负载 R_L 两端得到一个比较平稳的脉动直流电压,该电压一个周期内有 6 个波纹。

二、六管整流管的安装

六管交流发电机的整流器是由 6 只硅整流二极管组成的三相全波桥式整流电路,6 只整流管分别压装(或焊装)在两块板上。

正整流板:安装示意图如图 4-41 所示,3 个引出线为正极二极管,即正极管,负极压装在一起。在负极搭铁的硅整流发电机中,3 个正极管的外壳压装在 1 块铝制散热板的 3 个座孔内,共同组成发电机的正极,作为发电机的输出端接线柱 B。

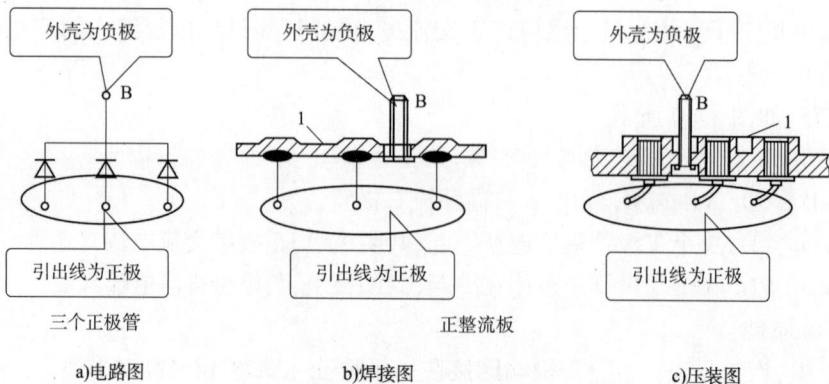

a)电路图　　　　　　b)焊接图　　　　　　c)压装图

图 4-41　正整流板安装示意图

　　负整流板:安装示意图如图4-42所示,3个引出线为负极二极管,即负极管,正极压装在一起。将3个负极管的外壳压装在后端盖的3个孔内,和发电机外壳一起成为发电机的负极,负整流板直接搭铁。

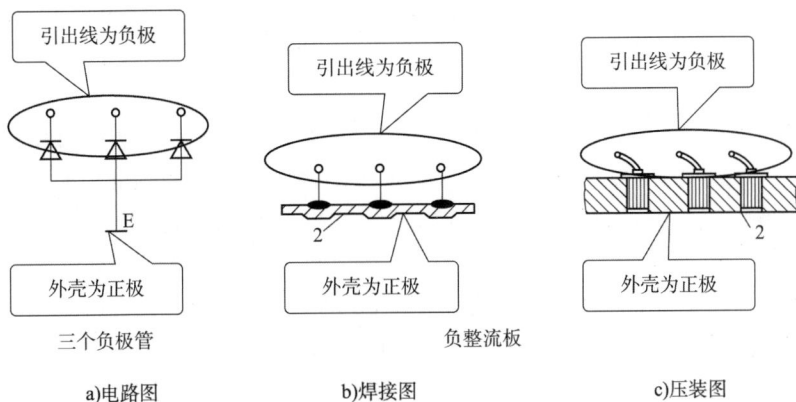

a)电路图　　　　　　　　　b)焊接图　　　　　　　　　c)压装图

图4-42　负整流板安装示意图

三、六管整流器结构

　　六管整流器结构,如图4-43所示。6只整流管分别压装在两块板上(外壳),分上下两层,上层整流板有3个二极管,下层整流板有3个二极管。引出线为一个电极,外壳是公共端,为另一个电极。

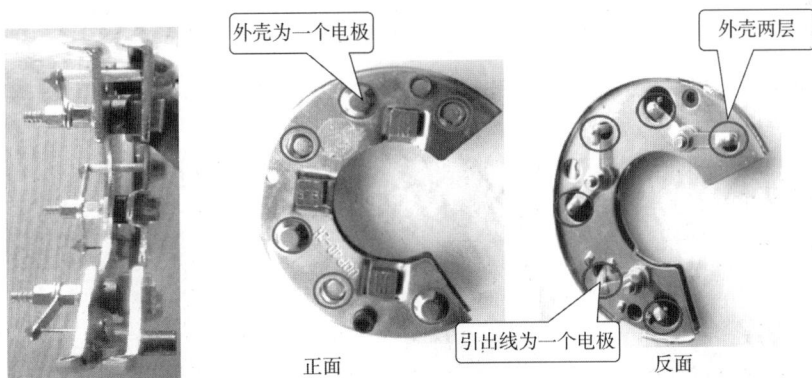

图4-43　六管整流器结构图

四、六管整流器的检测步骤(见二维码4-4)

　　(1)选择工具:数字万用表。

　　(2)检测工具:通过直观检查和通电检查,判断数字万用表状态是否正常。

　　①直观检查:打开数字万用表的电源开关,观察显示屏上是否正常显示,有

无电池符号 ⊟┤├。若显示屏出现电池符号 ⊟┤├,表明数字万用表的9V电池电压不足,需要更换;若显示屏无电池符号 ⊟┤├,表明电池电量充足,不需要更换。

二维码4-4

检查万用表常用挡位显示屏能否正常显示数值。将功能量程旋钮开关调至交直流电压挡、交直流电流挡时应显示 3 个"0";调至蜂鸣挡和电阻挡时应显示"1"。

②选择挡位:将功能量程旋钮开关调至蜂鸣挡。

③插入表笔:红表笔插入 VΩ 孔,黑表笔插入 COM 孔。

④检查蜂鸣器是否鸣响:将红、黑表笔短接,通过蜂鸣器是否鸣响判断万用表状态是否正常。

如图 4-44 所示,红、黑表笔短接,有蜂鸣声,读数 0.002,由此判断数字万用表状态正常。

(3)检测六管整流器:将万用表的红、黑表笔分别接在各二极管的电极两端测量一次,对调红、黑表笔再测一次,共测量 12 次,稳定后记录数据判别二极管判断是否正常和整流板正负。

正常情况下,二极管正向测量压降为 300 ~ 700mV,反向测量为溢出"1"。

若正反测量均显示"0",蜂鸣器均鸣响,说明二极管短路;

若正反测量均显示溢出"1",说明二极管开路。

二极管引出线为正极,外壳为负极的整流板为正整流板;二极管引出线为负极,外壳为正极的整流板为负整流板。

如图 4-45 所示:红表笔接引出线,黑表笔接外壳,读数为 0.473V,测得电压为二极管正向导通电压,则二极管正向导通,红表笔接引出线为正极,外壳为负极,二极管为正向二极管或正极管。

如图 4-46 所示:红表笔接外壳,黑表笔接引出线,读数为"1",测得电压为反向截止电压,则二极管反向截止,黑表笔接引出线为二极管正极,外壳为负极,二极管为正向二极管或正极管。

由此判别该二极管正常,二极管引出线为正极,外壳为负极,整流板为正整流板。

图 4-44　两表笔短接　　　图 4-45　正向导通电压　　　图 4-46　反向截止电压

如图 4-47 所示,红表笔接外壳,黑表笔接引出线,读数为 0.482,测得电压为二极管正向导通电压,则二极管正向导通,黑表笔接引出线为负极,外壳为正极,二极管为反向二极管或负极管。

如图 4-48 所示,红表笔接引出线,黑表笔接外壳,读数为"1",测得电压为二极管反向截止电压,则二极管反向截止,红表笔接引出线为负极,外壳为正极,二极管为反向二极管或负极管。

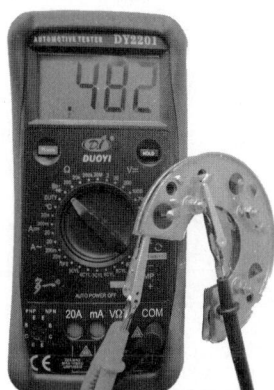

图 4-47 正向导通电压 图 4-48 反向截止电压

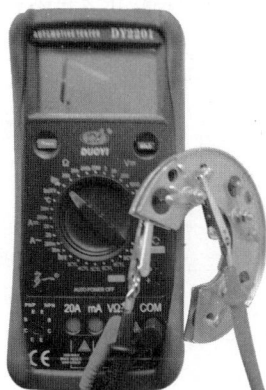

由此判别该二极管正常,二极管引出线为负极,外壳为正极,整流板为负整流板。该六管整流器如图 4-49 所示。

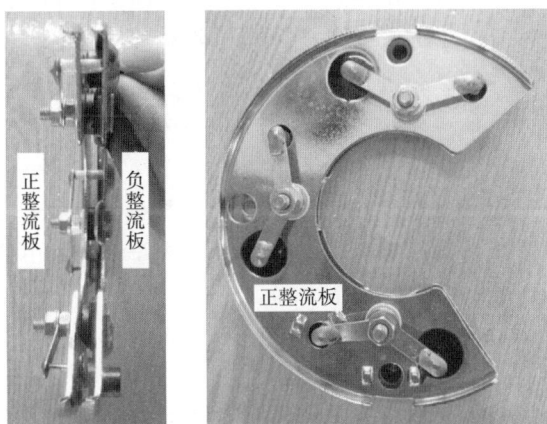

图 4-49 六管整流器

(4)仪表复位,现场"6S"整理:关闭电源开关,拔掉表笔线,将功能量程旋钮开关调至 V ~ 700。

任务实施

六管整流器的检测见本书所附任务工单十六。

课后思考题

一、填空题

1.物质按导电能力强弱的不同可分为_____、_____和_____三大类。

2.按照半导体是否掺入杂质,可以把半导体分为两种:一种为_____,另一种为_____。

3. 二极管内部由一个_____结构成,外部引出两个_____,通过_____封装而成。

4. 二极管的种类很多,按选用材料不同可分为_____和_____两大类。

5. 直流电:简称_____,可分为_____和_____。

6. 正弦量的特征表现在变化的_____、_____以及_____三个方面。

7. 三相正弦交流电:三个按正弦规律变化的_____或_____,幅值相等,频率相同,彼此之间相位相差_____。

8. 汽车整流电路是将_____转化为_____的装置。

9. 整流原理是利用_____的单向导电性:正向_____,反向_____。

10. 交流电是大小和方向都随_____做周期性变化的_____或_____,叫交变电流、电压,简称交流电。

二、选择题

1. 我国和大多数国家都采用(   )作为电力标准频率,习惯上也称为工频。
    A. 60Hz   B. 50Hz   C. 40Hz   D. 30Hz

2. 将交流电变换为直流电称为(   )变换,称之为整流。
    A. AC/DC   B. AC/BC   C. BC/DC   D. AB/DB

3. 交流发电机定子的三相绕组中感应产生的是交流电,通过(   )组成的三相桥式整流电路整流为直流电。
    A. 电容   B. 二极管   C. 变压器   D. 继电器

4. 按照掺入杂质的不同,杂质半导体可以分为(   )。
    A. A 型半导体和 N 型半导体   B. P 型半导体和 Q 型半导体
    C. P 型半导体和 N 型半导体   D. S 型半导体和 N 型半导体

5. 汽车用整流二极管按极性可分为(   )。
    A. 两种   B. 一种   C. 三种   D. 四种

三、判断题

1. 本征导体是经过低度提纯,形成含其他杂质完全纯净的且具有晶体结构的半导体。
                                                                    (   )

2. 杂质半导体则是在本征半导体中掺入某些微量元素,使半导体的导电能力成百万倍的提高,导电性是半导体最显著的性质。   (   )

3. 在本征半导体(硅或锗)中掺入微量的五价元素(如磷或砷等)所制成的半导体称为 P 型半导体。   (   )

4. 无论是 N 型半导体还是 P 型半导体,它们本身仍然是电中性的,因为它们正、负电荷的总量是相等的。   (   )

5. 二极管按用途不同可分为点接触型二极管和面接触型二极管。   (   )

6. 整流二极管是将直流电转变为交流电的半导体元件,主要用于稳压电路。 (   )

7. 稳压二极管的特点是击穿后,管子的电流在较大范围内变化,其两端的电压基本保持不变。   (   )

8. 发光二极管与普通二极管一样是由一个 PN 结组成,也具有单向导电性。 (   )

9.恒定电流是指大小和方向都不随时间变化的电流或电压。　　　　（　　）

10.正弦交流电:简称BC,波形为正弦曲线,大小按正弦规律变化的电流。　（　　）

四、简述题

1.二极管的特性是什么?

2.简述发光二极管的检测步骤。

3.检测二极管选什么挡位? 怎么判别二极管的电极(正负极)? 检测整流二极管是否正常的标准是什么?

4.什么叫单相正弦交流电? 什么叫三相正弦交流电?

5.整流电路的作用是什么? 简述整流原理。

6.名词解释:正极管、负极管、正整流板、负整流板。

项目五　三　极　管

项目描述

　　三极管是 20 世纪的一项重大发明,是微电子革命的先声。人们自此就能用一个小巧、消耗功率低的电子元件,来代替体积大、功率消耗大的电子管。三极管是现代电气设备最关键的元件之一,为集成电路、微处理器以及计算机内存的产生奠定了基础。三极管可用于各种各样的数字和模拟功能,包括放大、开关、稳压、信号调制和振荡器。三极管可独立包装或安装在非常小的区域,可容纳一亿或更多的晶体管,从而多个晶体管集成电路的一部分。随着汽车工业的不断发展,汽车智能化程度也在不断提升,三极管作为重要的半导体元件频繁出现在电子电控电路中,在汽车电路中处于无可替代的地位。本项目主要介绍三极管的结构、作用以及在汽车上的应用,学会利用万用表检测三极管是否正常和极性,为后续课程的学习打下基础。

知识目标

　　(1)掌握三极管的结构特点、图形符号及种类;

　　(2)掌握三极管的检测方法,学会使用万用表检测三极管是否正常,并判断其极性;

　　(3)了解三极管的作用以及在汽车上的应用。

技能目标

　　(1)能分析三极管放大和开关作用,培养学生分析电路能力;

　　(2)能掌握晶体管组成和符号;

　　(3)能用万用表判断三极管是否正常和极性。

任务一　三极管的认知

　　三极管全称应为半导体三极管,也称晶体三极管。晶体三极管有电子和空穴两种载流子参与导电,属于双极型器件,也称为双极结型晶体管(BJT),是一种控制电流的半导体元件。

一、结构和符号

（1）三极管的结构如图5-1所示。

三区——发射区、基区、集电区；

两结——发射结（BE结）、集电结（BC结）；

三极——发射极e、基极b和集电极c。

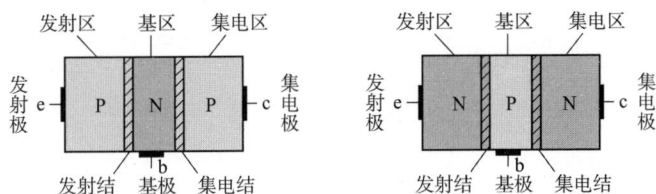

图5-1 三极管的结构

（2）结构特点。

①发射区的掺杂浓度较大；

②基区较薄；

③集电区比发射区体积大且掺杂浓度低。

（3）三极管的符号。

三极管根据其内部结构分为NPN型和PNP型管；文字符号：VT。

图形符号：如图5-2所示。符号中的发射极箭头方向为发射极正向电流的方向。两者区别在于发射极的箭头方向不同。

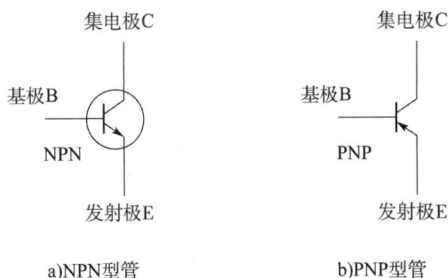

a)NPN型管   b)PNP型管

图5-2 三极管的符号

NPN型管是由2块N型半导体中间夹着一块P型半导体所组成，如图5-3所示，可以等效为两只背靠背的二极管。

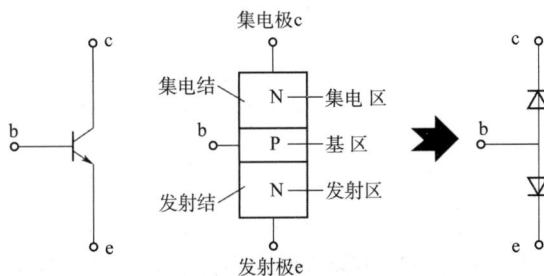

图5-3 NPN型管

PNP型管是由2块P型半导体中间夹着一块N型半导体所组成,如图5-4所示,可以等效为两只面对面的二极管。

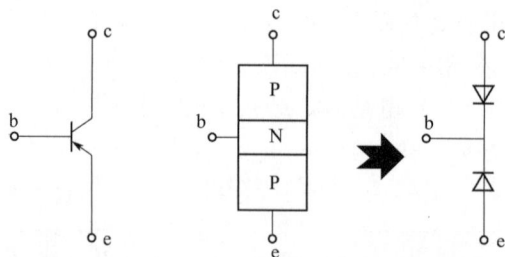

图5-4　PNP型管

二、三极管分类

三极管的应用十分广泛,种类繁多,分类方式也多种多样,如图5-5所示。

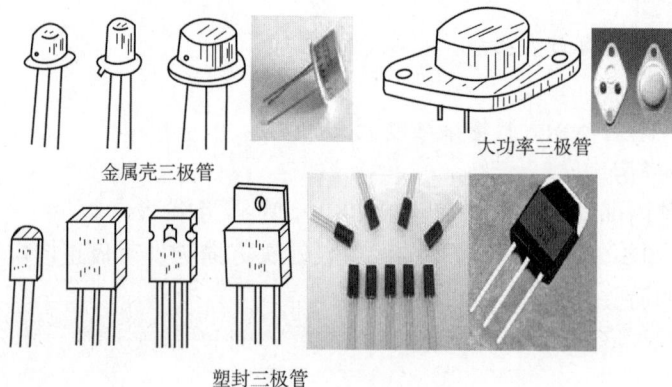

图5-5　不同类型三极管

(1)根据结构不同,三极管可分为NPN型三极管和PNP型三极管两种。

(2)根据功率不同,三极管可分为小功率三极管、中功率三极管和大功率三极管。

(3)根据工作频率不同,三极管可分为低频三极管、高频三极管与超高频三极管。

(4)根据封装形式不同,三极管的外形结构和尺寸有很多种,从封装材料上来说,可分为金属封装型和塑料封装型两种。

(5)根据PN结材料的不同可分为锗三极管和硅三极管,除此之外,还有一些专用或特殊三极管。

(6)根据用途不同,三极管可分为放大管、开关管。

任务二　三极管的检测

目前三极管的种类很多,对于不同型号三极管而言,三极管引脚可能有各种排列。比如常见的TO-92封装的引脚排列就是1-E、2-B、3-C,引脚B在中间。大功率金属封装三极管,其管壳为集电极。三极管型号不同,引脚排列顺序都不同。我们常用万用表检测三极管引脚类型、极性和其是否正常。

三极管的检测步骤(见二维码 5-1)。

(1)选择工具:数字万用表。

(2)检测工具:通过直观检查和通电检查,判断数字万用表状态是否正常。

①直观检查:打开数字万用表的电源开关,观察显示屏上是否正常显示数值,有无电池符号 ▬█▬。若显示屏出现电池符号 ▬█▬,表明数字万用表的 9V 电池电压不足,需要更换;显示屏无电池符号 ▬█▬,表明电池电量充足,不需要更换。

二维码 5-1

检查万用表常用挡位显示屏能否正常显示数值。调至交直流电压挡、交直流电流挡时应显示 3 个"0";调至蜂鸣挡和电阻挡时应显示"1"。

②选择挡位:将功能量程旋钮开关调至蜂鸣挡。

③插入表笔:红表笔插入 VΩ 孔,黑表笔插入 COM 孔。

④查蜂鸣器是否鸣响:将红、黑表笔短接,通过蜂鸣器是否鸣响,判断数字万用表状态是否正常。

如图 5-6 所示,红、黑表笔短接,有蜂鸣声,读数 0.001,由此判断数字万用表状态正常。

(3)检测晶体管。

①选择挡位:将功能量程旋钮调至二极管挡。

②确定基极 b 和晶体管类型(NPN/PNP),并判断三极管是否正常。

如图 5-7 所示三极管的结构可知,一个三极管等效于两个二极管,NPN 型管的基极是两个等效二极管正极的共同点,PNP 型管的基极是两个等效二极管负极的共同点。不论是 NPN 型管还是 PNP 型管,基极和集电极、基极和发射极之间加正向电压导通,加反向电压截止;而集电极和发射极加正、反向电压都是不导通,处于截止状态。使用数字万用表的二极管挡正反测量三极管两两引脚之间的电压,根据电压特点确定基极和管型,判断三极管是否正常,具体操作如下:

图 5-6 红黑表笔短接

a. 三极管标号正对着操作人,从左边数依次为 1、2、3 引脚,如图 5-8 所示。万用表按引脚顺序(12、23、13)测量,任意两个引脚正向测量(红、黑表笔分别接 12、23、13)一次、反向测量(红、黑表笔分别接 21、32、31)一次,共测量 6 次,确定正、反向电压。

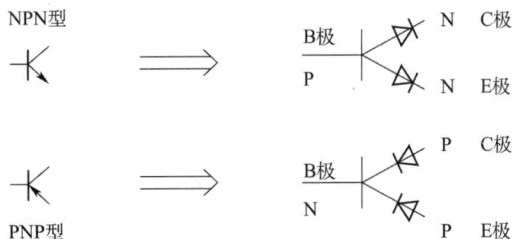

图 5-7 三极管的结构图   图 5-8 三极管引脚

测量结果为正向电压时,所测数值为 3～4 位有效数字,数字万用表显示的是所测三极管的正向压降(单位为 mV);测量结果为反向电压时,数字万用表显示溢出"1"。

b.判断基极:若两个引脚测量出现 2 次反向电压"1",说明 PN 结加正反向电压都不导通,则两只引脚是集电极和发射极,不是基极,余下的引脚才是基极(b)。

c.通过 PN 结确定管型:红表笔接基极,黑表笔分别接集电极(BC 结)和发射极(BE 结),若测得为正向电压则该管为 NPN 型管;黑表笔接基极,红表笔分别接集电极(BC 结)和发射极(BE 结),若测得为正向电压则该管为 PNP 型管。

三极管正常标准:测量 6 次,测得 2 个正向电压和 4 个反向电压。

下面以型号为 9014 三极管(图 5-9)的测量为例分析。

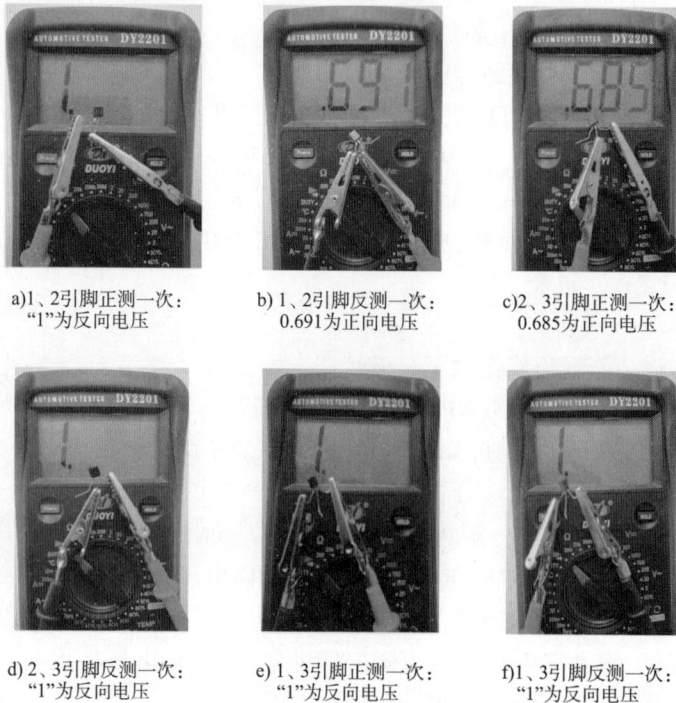

a)1、2引脚正测一次:
"1"为反向电压

b) 1、2引脚反测一次:
0.691为正向电压

c)2、3引脚正测一次:
0.685为正向电压

d) 2、3引脚反测一次:
"1"为反向电压

e) 1、3引脚正测一次:
"1"为反向电压

f)1、3引脚反测一次:
"1"为反向电压

图 5-9　基极和管型的判定

从测量数值判断 1、3 引脚正反都为"1",都不导通,说明 9014 管的 1、3 引脚为集电极和发射极,不为基极,2 引脚为基极。红表笔接 2 引脚基极,测得为正向电压则该 9014 管为 NPN 型管。三极管测量 6 次,有 2 个正向电压和 4 个反向电压,9014 三极管是正常的。

③确定三极管的 h_{FE},判定集电极 C 和发射极 E。

将万用表置于"h_{FE}"挡,如图 5-10 所示。正确判断三极管管型,将 NPN 型管和 PNP 型管插入各自相应的插座。9014 三极管为 NPN 型管,将 9014 三极管插入 NPN 测量插座(基极插入 b 孔,另两管引脚随意插入),记下 h_{FE} 读数;基极插入 b 孔不动,再将另两管引脚反转后插入,也记下 h_{FE} 读数。两次测量中,h_{FE} 读数较大值就是晶体管的放大倍数。h_{FE} 读数较大时管脚插入是正确的:C 孔管脚为集电极,E 孔管脚为发射极。

在三极管 9014 的两次测量中,图 5-11a)读数较大为 353,图 5-11b)读数较小为 006,因此 353 为三极管的放大倍数,三极管 9014 的 h_{FE} = 353。测量数据为 353 的引脚插入是正确的,C 孔引脚为集电极,E 孔管脚为发射极。

a)读数较大: 353　　b)读数较小: 006

图 5-10　选择 h_{FE} 挡　　图 5-11　判定集电极和发射极

(4)仪表复位,现场 6S 整理。

任务实施

三极管的检测见本书所附任务工单十七。

任务三　三极管的作用及应用

一、三极管电流分配和放大作用

三极管的主要功能是放大电信号。

1. 三极管各电极上的电流分配关系

如图 5-12 所示测试电路进行三极管放大作用的分析。发射极作为公共端接地,并选取电源 V_{CC} 和 V_{BB},V_{CC} 大于 V_{BB},保证发射结正向偏置,集电结反向偏置。

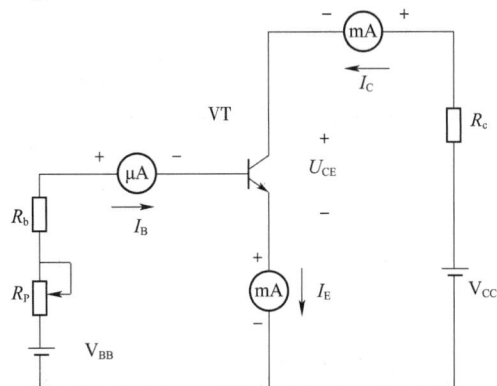

图 5-12　三极管测试电路

电路中串接的三个电流表分别用来测量发射极电流 I_E、基极电流 I_B 和集电极电流 I_C。电路接通,产生电流 I_B、I_C、I_E,调节 R_P,改变基极偏压,I_B 改变,读取 I_C、I_E。

测试数据,见表 5-1。

三极管极电流测试数据表　　　　　　　　表 5-1

I_B(mA)	0	0.01	0.02	0.03	0.04	0.05
I_C(mA)	0.01	0.56	1.14	1.72	2.30	2.88
I_E(mA)	0.01	0.57	1.16	1.75	2.34	2.93

通过实验得出三极管的电流分配关系:发射极电流等于集电极电流和基极电流之和,即

$$I_E = I_B + I_C$$

2. 三极管的电流放大作用

由实验数据可得:

$$\frac{\Delta I_C}{\Delta I_B} = \frac{1.14 - 0.56}{0.02 - 0.01} = 58 \tag{5-1}$$

由式可见,基极电流的微小变化可引起集电极电流的较大变化,此为晶体三极管的放大作用,用 β 表示,即

$$\beta = \frac{\Delta I_C}{\Delta I_B}$$

不同的晶体三极管,β 值不同,即电流的放大能力不同,一般为 20 ~ 200。

晶体管电流放大的实质是"以小控大",并非真正的放大。基极电流的微小变化引起集电极电流的较大变化,当基极电路中输入一个小的信号电流 i_b,就可以在集电极电路中得到一个与输入信号规律相同的放大的电流信号 i_c。可见,晶体三极管是一个电流控制元件。

三极管的电流放大原理:基极电流 I_B 的微小变化控制了集电极电流较大的变化。即

$$I_C = \beta I_B$$

二、三极管的开关作用

1. 三极管开关电路的组成(图 5-13)

E:直流电源;

R_1:基极偏置电阻;

VT:晶体管;

R_2:集电极电阻;

HL:指示灯;

S:开关。

三极管的开关作用仿真见二维码 5-2。

二维码 5-2

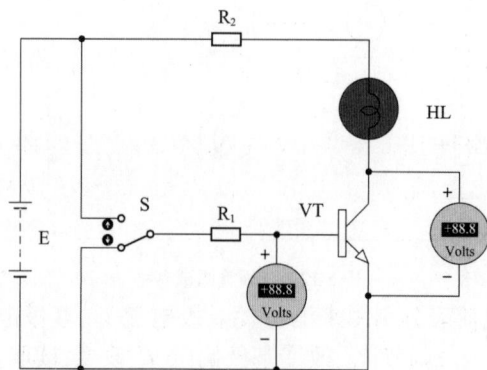

图 5-13　三极管开关电路

2.三极管开关电路分析

(1)当S朝下接通:如图5-14所示,三极管基射极电压为0时,HL不亮,无电流,输出电压为电源电压12V。说明三极管截止,三极管的C极与E极之间相当于开关断开。

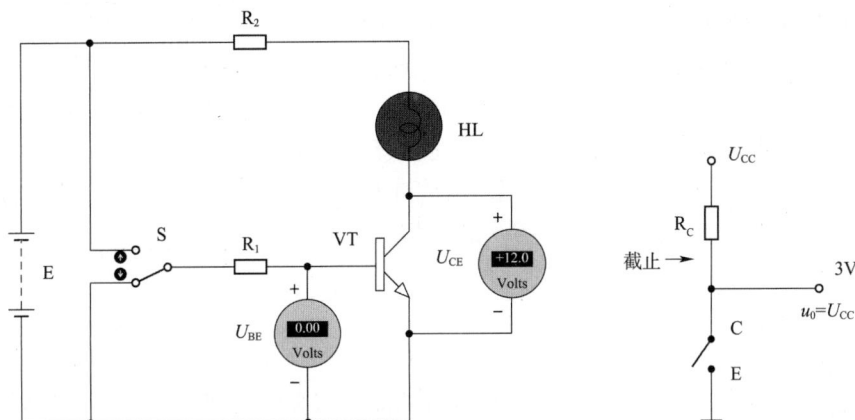

图 5-14 三极管截止

当三极管输入低电压时,三极管截止,三极管的C极与E极之间相当于开关断开,输出电压为电源电压。

(2)当S朝上接通:如图5-15所示,三极管基射极电压为2.39V时,HL亮,有电流,输出电压为0.22V。说明三极管饱和,三极管的C极与E极之间相当于开关接通。

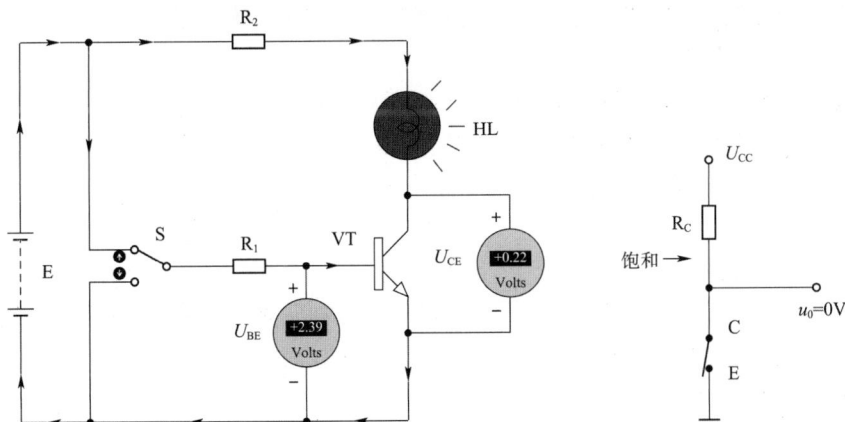

图 5-15 三极管饱和

当三极管输入高电压时,三极管饱和,三极管的C极与E极之间相当于开关闭合,输出电压近似为0。

结论:当晶体管基、射极电压低于截止电压0.5V时,三极管截止,晶体管的C极与E极之间相当于开关断开,输出电压为电源电压 U_{CC};当晶体管基射极电压高于饱和电压0.7V时,三极管饱和,晶体管的C极与E极之间相当于开关闭合,输出电压近似为0。因此,晶体管既有放大作用又有开关作用。

三、三极管输出特性曲线

输出特性曲线是指晶体管基极电流 I_B 为某一常数时,其集、射极间电压 U_{CE} 和集电极电

流 I_C 之间的关系曲线,如图 5-16 所示。由图可见,输出特性曲线是一组曲线族,曲线族可分为 3 个区。

(1)截止区:I_C 接近零的区域,相当 $I_B = 0$ 的曲线的下方。发射区不能发射载流子,$I_B \approx 0$,$I_C \approx 0$。在截止区发射结处于反向偏置,集电结处于反向偏置,三极管工作于截止状态。

(2)放大区:曲线基本平行等距。其特点是:$U_{BE} \approx$ 0.7V(或 0.2V),$I_B > 0$,I_C 与 I_B 呈线性关系,几乎与 U_{CE} 无关,此为恒流特性。电流放大倍数:$\beta = \Delta I_C / \Delta I_B$,曲线越平坦,间隔越均匀,管子线性越好。在放大区,发射结处于正向偏置、集电结处于反向偏置,三极管工作于放大状态。

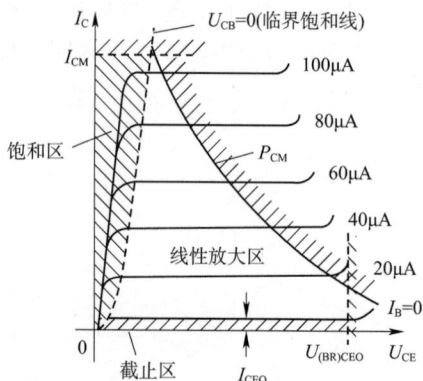

图 5-16　三极管输出特性曲线

(3)饱和区:曲线靠近左边陡直且互相重合的曲线与纵轴之间的区域。此为 I_C 受 U_{CE} 显著控制的区域,该区域内 $U_{CE} < 0.7V$。I_C 不再随着 I_B 作线性变化,出现发射极发射有余,而集电极收集不足现象。其特点是:U_{CE} 很小,在估算小功率管时,对硅管可取 0.3V(锗 0.1V)。在饱和区,发射结处于正向偏置,集电结也处于正偏,三极管工作于饱和状态。

四、三极管的工作状态

三极管的输出特性曲线对应三个区,三极管对应有三种工作状态:

1. 截止状态

当加在三极管发射结的电压小于 PN 结的导通电压,基极电流为零,集电极电流和发射极电流都为零,三极管的发射结和集电结均反向偏置,三极管失去了电流放大作用,集电极和发射极之间相当于开关的断开状态,三极管处于截止状态。

2. 放大状态

当加在三极管发射结的电压大于 PN 结的导通电压,并处于某一恰当的值时,三极管的发射结正向偏置,集电结反向偏置,基极电流对集电极电流起着控制作用,使三极管具有电流放大作用,其电流放大倍数 $\beta = \Delta I_C / \Delta I_B$,三极管处于放大状态。

3. 饱和导通状态

当加在三极管发射结的电压大于 PN 结的导通电压,并当基极电流增大到一定程度时,集电极电流不再随着基极电流的增大而增大,而是处于某一定值基本变化,三极管的发射结和集电结均正向偏置,三极管失去电流放大作用,集电极与发射极之间的电压很小,集电极和发射极之间相当于开关的导通状态。三极管处于饱和导通状态。

五、三极管在汽车电子电路控制中的应用

随着汽车电子行业的发展,三极管在汽车电子电控的发展应用越来越多,在汽车电子电路中,主要利用三极管的放大和开关作用来实现。比如汽车中的三极管闪光转向器、刮水器间歇控制、电动汽油泵驱动、无触点三极管电喇叭、信号警报器等都是由三极管构成的多谐振荡放大电路来实现的,电子稳压器、ECU 通过控制三极管的基极控制三极管截止或者饱和

导通实现对某个执行元件的控制等。

1.汽车电子式电压调节器

交流发电机的转子是由发动机通过皮带驱动旋转的,发动机在运行过程中,其转速是不断变化的,所以发电机转速随发动机转速的变化而变化,使发电机的输出电压也在不断变化。

汽车上,用电设备要求恒压供电(如12V电系汽车),当发电机电压低于12V时,由蓄电池供电;当发电机电压高于12V时,由发电机供电;当发电机电压继续增大到15V以上时,用电设备就可能会被损坏。汽车用电设备的电压应保持在12~15V之间,当大于15V时,应该采取措施降低发电机电压,因此,通过设置电压调节器,来保证发电机的输出电压恒定。

如图5-17所示为外搭铁型电子式电压调节器的基本电路。电子式电压调节器是利用三极管的开关特性制成的,即将三极管作为一只开关串联在发电机的磁场电路中,根据发电机输出电压的高低,控制三极管的导通和截止,调节发电机的磁场电流使发电机输出电压稳定在某一规定的范围之内。

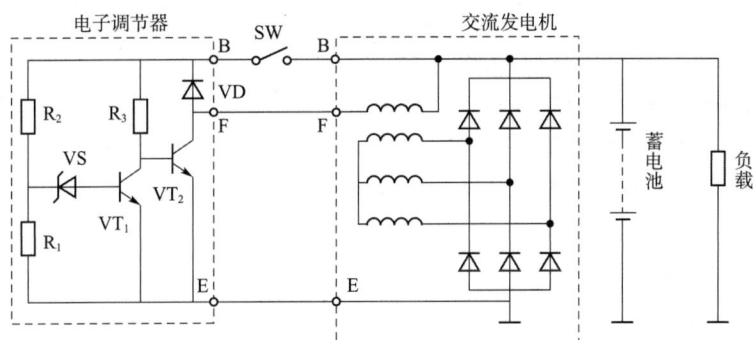

图5-17 电子式电压调节器的基本电路

2.汽车转向闪光器电路

无触点式晶体管闪光器是以晶体管为主体组成的无稳多谐振荡器,工作原理如图5-18所示。其电路工作的核心部分是由两个三极管 VT_1 和 VT_2,4个电阻 R_1、R_2、R_3 和 R_4,两个电容 C_1 和 C_2 构成的一个常见的完全对称的多振荡电路,三极管 VT_3 起开关作用。

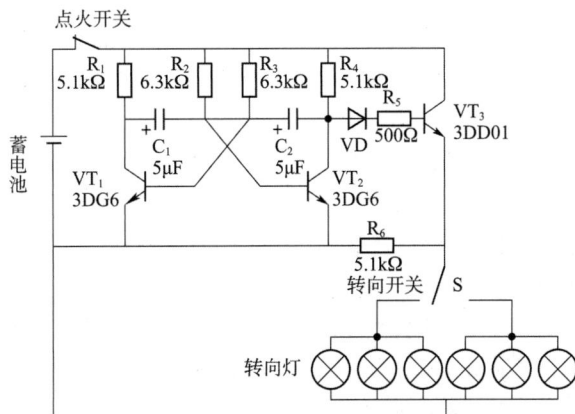

图5-18 汽车转向闪光器电路

当汽车行驶过程中需要转向的时候,驾驶员通过拨动转向开关按钮S,汽车转向闪光器便不停的闪动,以警示其他的车辆和行人转动方向。

3.三极管在电磁线圈控制中的应用

汽车电控部件的执行元件主要是电磁线圈,如发电机转子线圈、发动机喷油器、怠速控制阀、废气再循环阀、继电器、自动变速器电磁阀、ABS 电阀等,主要的控制方式是利用 NPN 型三极管实现对电磁线圈的搭铁控制。

4.三极管对电磁线圈通电电流的控制

在汽车电子电气设备的控制中,需要控制某些部件的通电电流,如自动变速器的油压电磁阀、废气再循环阀等。通过占空比的控制方式,电子芯片输出的是数字脉冲信号,控制三极管的基极,三极管快速的导通和截止,导通占的时间比例越大,三极管集电极控制的电磁线圈的通电电流越大。

课后思考题

一、填空题

1.三极管,全称应为_____,也称_____。

2.三极管根据其内部结构分为_____和_____管。

3.三极管符号中的发射极箭头方向为发射极_____的方向。

4._____有电子和空穴两种载流子参与导电,属于双极型器件,也称为_____,是一种控制电流的_____器件。

5.三极管的文字符号:_____。

6.NPN 型管是由 2 块_____半导体中间夹着一块_____半导体所组成,可以等效为两只背靠背的二极管。

7.三极管按功率可为分_____、_____、_____三种。

8.三极管的电流放大作用,实质上是以_____控_____的作用。

9.三极管的结构特点:_____、_____、集电区比发射区体积大且掺杂浓度低。

10.三极管按工作频率可分为:_____、_____与_____。

二、选择题

1.PNP 型管是由( )P 型半导体中间夹着一块 N 型半导体所组成,可以等效为两只面对面的二极管。

    A.2 块   B.4 块   C.1 块   D.3 块

2.三极管按管芯材料可分为:( )

    A.放大管、开关管   B.硅管与锗管

    C.合金管与平面管   D.小功率、超高频管

3.三极管在电路中有( )种状态。

    A.2 种   B.4 种   C.1 种   D.3 种

4.三极管正常标准:测量 6 次( )。

    A.2 个正向电压,4 个反向电压   B.4 个正向电压,2 个反向电压

    C.1 个正向电压,5 个反向电压   D.3 个正向电压,3 个反向电压

三、判断题

1. 三极管的结构有两个区：发射区、集电区。 （　　）
2. 三极管是一种控制电流的导体元件。 （　　）
3. PNP 型管是由 P 型半导体中间夹着一块 N 型半导体所组成，可以等效为两只面对面的二极管。 （　　）
4. 三极管按用途分：放大管、开关管。 （　　）
5. 三极管起放大作用的外部条件是发射结加反向偏置电压，集电结加正向偏置电压。 （　　）
6. 三极管的文字符号是 V。 （　　）
7. 三极管的结构的三个电极：发射极 e、基极 b 和集电极 c。 （　　）
8. 三极管开关电路的组成：直流电源、基极偏置电阻、集电极电阻。 （　　）
9. 三极管的主要功能是放大电信号。 （　　）
10. 三极管的电流放大原理：基极电流 I_B 的微小变化控制了集电极电流较大的变化。 （　　）

四、简述题

1. 简述三极管的检测步骤。
2. 检测三极管应选什么挡位？
3. 三极管作用是什么？
4. 三极管按结构分为哪几类？
5. 三极管的电流分配规律是什么？三极管的工作状态有哪几种？

五、作图题

画出三极管的符号。

项目六　数字电路

　　● **项目描述**

　　　　数字电路是处理数字信号并能完成数字运算的电路,它是由许多的逻辑门组成的复杂电路,主要进行数字信号的处理(即信号以 0 与 1 两个状态表示),因此,数字电路抗干扰能力较强。随着中、大规模集成电路的飞速发展,大量使用并通用中、大规模功能块已势在必行。数字电路在通信设备、自动控制、雷达、家用电器、汽车电子等许多领域得到了广泛的应用。一直以来,汽车都在不断地向信息化与智能化方向发展,而汽车的信息化与智能化离不开各种数字电路的应用。目前,汽车已出现越来越多的以数字方式处理信号的元件,电子制动、发动机、车身等各系统都使用电子控制模块。各种电子线路和微处理技术在汽车的控制中发挥着重要的作用。本项目主要介绍数字电路的基础知识及基本数字电路的简单应用。用形象、实用的方式介绍数字信号、数制与码制、基本逻辑门、逻符符号、逻辑表达式、真值表的使用等各种抽象且不易理解的知识点,快速的帮助学生入门数字电路。

　　● **知识目标**

　　　　(1)理解数字电路和模拟电路的概念,了解数字电路的特点;
　　　　(2)掌握二进制数与十进制数的特点及它们的互化规则,掌握二进制数的四则运算;
　　　　(3)掌握逻辑门电路的逻辑功能、逻辑符号和表达式。

　　● **技能目标**

　　　　(1)能进行二进制数与十进制数的互化,能进行二进制数的四则运算;
　　　　(2)能分析逻辑门电路的逻辑功能。

任务一　数字电路基础

一、模拟信号与数字信号

　　电子技术中的信号可分为两大类:模拟信号和数字信号。模拟信号是用连续变化的物理量所表达的信息,如温度、湿度、压力、长度、电流、电压等(图 6-1a),通常又把模拟信号称为连续信号,它在一定的时间范围内可以有无限多个不同的取值,在时间上和数值上连续。例如正弦波信号就是一种典型的模拟信号。处理模拟信号的电路称为模拟电路,如整流电路、放大电路等,注重研究的是输入和输出信号间的大小及相位关系。

数字信号是指在取值上只有 0、1 两个状态,在时间上和数值上不连续的电信号。特征是仅有确定值的数字,而不可能有中间值,是一种跃变信号,并且持续时间短暂,即离散的信号(图 6-1b)。例如现代汽车上的曲轴位置传感器信号,发动机转速信号和用于故障自诊的故障代码等,都是典型的数字信号。

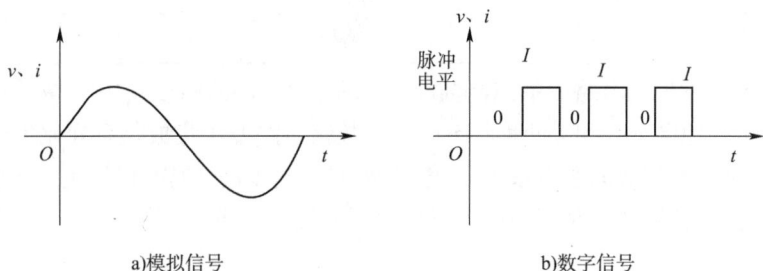

a)模拟信号　　　　　　　　b)数字信号

图 6-1　模拟信号与数字信号

数字信号只有两种状态:高电平、低电平,或者有信号、无信号。在数字电路中,通常把这两种状态用两个符号来表示,即"1"和"0",也即逻辑 1 和逻辑 0。高电平或有信号用"1"表示,低电平或无信号用"0"表示,这称为正逻辑;相反,则称为负逻辑。

处理数字信号的电路称为数字电路,它注重研究的是输入、输出信号之间的逻辑关系。在数字电路中,晶体管一般工作在截止区和饱和区,起到开关的作用。

二、数字电路的特点

数字电路可以进行逻辑运算与判断,处理大多数"二值逻辑"问题。例如:"真"和"假"、"是"和"非"、"有"和"无"等。如表 6-1 所示电路,开关的状态有"开"和"闭"两种,与此对应 HL 的状态也有"灭"和"亮"两种。

电路图及其元件状态表　　　　　　　　　　　　　　表 6-1

电　路　图	开关 S 的状态	HL 的状态
	断开	灭
	闭合	亮

在数字电路中,研究的主要问题是电路的逻辑功能,即输入信号的状态和输出信号的状态之间的逻辑关系。两种可以改变的状态称为逻辑变量,变量 A 或 L 都为逻辑变量,逻辑变量还可以用其他英文字母表示。数字电路中通常用低电平和高电平(或者低电位和

高电位)来描述电路的两种不同的工作状态。电平的高低一般用"1"和"0"两种状态区别。

正逻辑:1 表示高电平,0 表示低电平。

负逻辑:1 表示低电平,0 表示高电平。

若无特殊说明,均采用正逻辑。对应于电路的正逻辑描述,可用表格表示(表6-2)。这类表格又称为真值表。

正逻辑真值表 表6-2

开关 S 的状态	HL 的状态
0	0
1	1

数字电路的基本单元电路简单,对组成数字电路的元件的精度要求不高,易于制造,只要在工作时能够可靠地区分0和1两种状态即可。数字电路便于集成化系列化生产,成本低廉,使用方便;由数字电路组成的数字系统,工作准确可靠,精度高,保密性好,抗干扰能力强。

通常数字电路用逻辑代数、真值表、逻辑图等方法进行分析。

三、数制与码制

数制是一种计数的方法,它是进位计数制的简称,也称为"计数制",是用一组固定的符号和统一的规则来表示数值的方法。任何一个数制都包含两个基本要素:基数和位权。表示数时,仅用一位数码往往不够用,必须用进位计数的方法组成多位数码。多位数码每一位的构成以及从低位到高位的进位规则称为进位计数制,简称进位制。这些数制所用的数字符号称为数码,某种数制所用数码的个数称为基数。位权(位的权数)是指在某一进位制的数中,每一位的大小都对应着该位上的数码乘上一个固定的数,这个固定的数就是这一位的权数。权数是一个幂。

几种常用的计数体制:十进制(Decimal)、二进制(Binary)、十六进制(Hexadecimal)与八进制(Octal)。

1. 十进制数(十进位计数制)

(1)采用十个基本数码:0、1、2、3、4、5、6、7、8、9;基数是 10。

(2)计数原则:逢十进一即 $1+9=10$,"借一作十"。

(3)展开形式:任一正整数 M 都可写成以 10 为底的幂求和的形式,即

$$M = a_{n-1} \times 10^{n-1} + a_{n-2} \times 10^{n-2} + \cdots\cdots + a_1 \times 10^1 + a_0 \times 10^0 \tag{6-1}$$

式中: n——十进制的位数;

$10^{n-1}、10^{n-2}\cdots\cdots10^1、10^0$——各位数的位权;

$a_{n-1}、a_{n-2}\cdots\cdots a_1、a_0$——各位数的数码。

【例6-1】 $(6213.71)_{10}$ 的展开形式为:

$$(6213.71)_{10} = 6 \times 10^3 + 2 \times 10^2 + 1 \times 10^1 + 3 \times 10^0 + 7 \times 10^{-1} + 1 \times 10^{-2} \tag{6-2}$$

式(6-2)中:$10^3、10^2、10^1、10^0$分别为整数部分千位、百位、十位和个位的权,而 $10^{-1} = 0.1$、

$10^{-2} = 0.01$ 分别为小数部分十位和百位上的权,它们都是基数 10 的幂。

在十进制数里,同一个数码在不同的位置上所表示的数值是不同的。

【例 6-2】　写出十进制数 $(5555)_{10}$ 的展开式。

解:
$$(5555)_{10} = 5 \times 10^3 + 5 \times 10^2 + 5 \times 10^1 + 5 \times 10^0 \tag{6-3}$$

2. 二进制数

二进制是以 2 为基数的计数制。在数字电路中应用最广泛。

(1)两个基本数码:0、1;基数是 2。

(2)计数原则:逢二进一,即 $(1+1)_2 = (10)_2$,读作一零、借一作二。

(3)展开形式:
$$S = a_{n-1} \times 2^{n-1} + a_{n-2} \times 2^{n-2} + \cdots\cdots + a_1 \times 2^1 + a_0 \times 2^0 \tag{6-4}$$

式中:　　　　　　n——二进制的位数;

2^{n-1}、2^{n-2}……2^1、2^0——各位数的位权;

a_{n-1}、a_{n-2}……a_1、a_0——各位数的数码。

【例 6-3】　写出二进制数 $(11011)_2$ 的展开式。

解:　　　　　$(11011)_2 = 1 \times 2^4 + 1 \times 2^3 + 0 \times 2^2 + 1 \times 2^1 + 1 \times 2^0$

3. 十六进制

(1)十六进制的基数为 16,用 0~9,A,B,C,D,E,F 共 16 个数码分别表示一个十六进制数。

(2)进位规则:"逢十六进一""借一作十六",通常用一个十六进制数表示 4 个二进制数。

(3)十六进制数与十进制和二进制数的对应见表 6-3。

十六进、十进制、二进制数的对应表　　　　　　　　　　　　　　　表 6-3

二进制数	十进制数	十六进制数	二进制数	十进制数	十六进制数
0	0	0	1000	8	8
1	1	1	1001	9	9
10	2	2	1010	10	A
11	3	3	1011	11	B
100	4	4	1100	12	C
101	5	5	1101	13	D
110	6	6	1110	14	E
111	7	7	1111	15	F

4. 八进制

(1)八进制数的基数为 8,有 0~7 共 8 个数。

(2)进位规则:逢八进一。

在数字系统中用三位二进制数代表一位八进制的数字。

几种进制数之间的对应关系见表6-4。

十进制、二进制、八进制、十六进数的对应关系

表6-4

十 进 制 数	二 进 制 数	八 进 制 数	十六进制数
0	0000	0	0
1	0001	1	1
2	0010	2	2
3	0011	3	3
4	0100	4	4
5	0101	5	5
6	0110	6	6
7	0111	7	7
8	1000	10	8
9	1001	11	9
10	1010	12	A
11	1011	13	B
12	1100	14	C
13	1101	15	D
14	1110	16	E
15	1111	17	F

四、二进制数的四则运算

(1)加法运算:逢二进一,即 $(1+1)_2 = (10)_2$ (6-5)

【例6-4】 求 $(10101)_2 + (1001)_2 = ?$

解:
$$\begin{array}{r} 10101 \\ +\ \ 1001 \\ \hline 11110 \end{array}$$
$(10101)_2 + (1001)_2 = (11110)_2$

(2)减法运算:借一作二,即 $(10-1)_2 = (1)_2$ (6-6)

【例6-5】 求 $(1101)_2 - (111)_2 = ?$

解:
$$\begin{array}{r} 1101 \\ -\ \ 111 \\ \hline 110 \end{array}$$
$(1101)_2 - (111)_2 = (110)_2$

(3)乘法运算:先乘后加,即"加法与移位"。

$$0 \times 0 = 0 \qquad 0 \times 1 = 0 \qquad 1 \times 0 = 0 \qquad 1 \times 1 = 1$$ (6-7)

【例6-6】 $(1010)_2 \times (101)_2 = ?$

解:
$$\begin{array}{r} 1010 \\ \times\ \ \ 101 \\ \hline 1010 \\ 0000 \\ 1010 \\ \hline 110010 \end{array}$$
$(1010)_2 \times (101)_2 = (110010)_2$

（4）除法运算：先除后减，即"减法与移位"。

【例6-7】　求$(100100)_2 \div (100)_2 = ?$

解：

$$
\begin{array}{r}
1001 \\
100\overline{)100100} \\
\underline{100} \\
100 \\
\underline{100} \\
100 \\
\underline{100} \\
0
\end{array}
\qquad (100100)_2 \div (100)_2 = (1001)_2
$$

五、二进制数与十进制数的相互转换

1. 二进制转换成十进制数

方法：把二进制数按权展开，然后把所有各项的数值按十进制数相加即可得到等值的十进制数值，即"乘权相加法"。

【例6-8】　将二进制数$(1110)_2$转化为十进制数。

解：
$$(1110)_2 = (1 \times 2^3 + 1 \times 2^2 + 1 \times 2^1 + 0 \times 2^0)_{10}$$
$$= (8 + 4 + 2 + 0)_{10} = (12)_{10}$$

【例6-9】　将二进制数$(1011.01)_2$转化为十进制数。

解：
$$(1011.01)_2 = 1 \times 2^3 + 0 \times 2^2 + 1 \times 2^1 + 1 \times 2^0 + 0 \times 2^{-1} + 1 \times 2^{-2}$$
$$= 8 + 2 + 1 + 0.25 = (11.25)_{10}$$

2. 十进制数转换成二进制数

方法：把十进制数逐次用2除，并依次记下余数，一直除到商数为零。然后把全部余数，按相反的次序排列起来，就是等值的二进制数，即"除2取余倒记法"。

【例6-10】　将十进制数$(47)_{10}$转化为二进制数。

解：

$$
\begin{array}{ll}
2\,\underline{|\,47} & \\
2\,\underline{|\,23} & \cdots\cdots\cdots \text{余}1 \quad K_0 \\
2\,\underline{|\,11} & \cdots\cdots\cdots \text{余}1 \quad K_1 \\
2\,\underline{|\,5} & \cdots\cdots\cdots \text{余}1 \quad K_2 \\
2\,\underline{|\,2} & \cdots\cdots\cdots \text{余}1 \quad K_3 \\
2\,\underline{|\,1} & \cdots\cdots\cdots \text{余}0 \quad K_4 \\
0 & \cdots\cdots\cdots \text{余}1 \quad K_5
\end{array}
$$

读取次序

$$(47)_{10} = K_5 K_4 K_3 K_2 K_1 K_0 = (101111)_2$$

六、BCD码

用若干位二进制数码的组合表示各种数字、符号或某个信息量的过程，称为编码。用四位二进制数表示一位十进制数的过程，称为二－十进制编码，简称BCD码。我们知道四位二进制数码共有16种不同的组合，这样就有16种方法来表示十进制数字0~9，为了表述方便，常用8421BCD码，见表6-5。

十进制数、二进制数、8421BCD 码的对应关系　　　　　　　　表 6-5

十进制数	二进制数	8421BCD 码	十进制数	二进制数	8421BCD 码
0	0000	0000	5	0101	0101
1	0001	0001	6	0110	0110
2	0010	0010	7	0111	0111
3	0011	0011	8	1000	1000
4	0100	0100	9	1001	1001

任务二　逻辑门电路

　　"逻辑"也叫逻辑关系,一般是指事物的前因和后果之间的关系,即条件与结果的关系。1 表示有信号或满足逻辑条件,即逻辑 1;0 表示无信号或不满足逻辑条件即逻辑 0。正逻辑是指用 1 表示高电平,用 0 表示低电平。

　　逻辑电路是指输入与输出之间存在一定逻辑关系,能实现一定逻辑关系的电路。逻辑门电路指具有多个输入端和一个输出端的开关电路。基本和常用门电路有与门、或门、非门(反相器)、与非门、或非门、与或非门和异或门等。

一、基本逻辑门电路

(一)与逻辑关系及与门

1. 与逻辑关系

　　与逻辑关系实验电路如图 6-2 所示。开关 S_1、S_2 都闭合,HL 亮;开关 S_1、S_2 任一个开关断开,灯 HL 都灭。

　　只有决定事物结果的全部条件同时具备,结果才发生。这种因果关系叫作与逻辑,也称为逻辑乘。

2. 与门

　　(1)与门指实现与逻辑功能的电路,二极管与门电路如图 6-3 所示。

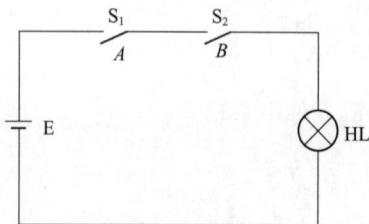

图 6-2　与逻辑关系实验电路　　　　图 6-3　二极管与门电路

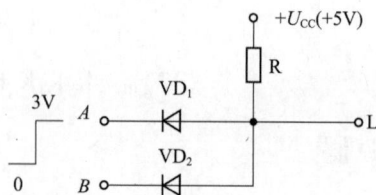

　　(2)工作原理:设输入低电平为 0,高电平为 3V。

　　①当 A 为低电平,B 为低电平时,二极管 VD_1、VD_2 均导通,输出为低电平;

②当 A 为低电平,B 为高电平时,二极管 VD_1 优先导通,将输出电平钳位在低电平 0,使 VD_2 截止,输出为低电平 0;

③当 A 为高电平,B 为低电平时,二极管 VD_2 优先导通,将输出电平钳位在低电平 0,使 VD_1 截止,输出为低电平 0;

④当 A 为高电平 3V,B 为高电平 3V 时,二极管 VD_1、VD_2 均导通,输出为高电平 3V。

(3)与逻辑关系的输入、输出电平见表 6-6。

与逻辑关系输入、输出电平表　　　　　　　　　　　　　表 6-6

输　　入		二极管状态		输　　出
V_A	V_B	VD_1	VD_2	V_L
0	0	导通	导通	0
0	3V	导通	截止	0
3V	0	截止	导通	0
3V	3V	导通	导通	3V

3. 与逻辑函数表达式

$$L = A \cdot B \qquad (6\text{-}8)$$

4. 与门逻辑符号

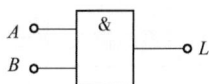

5. 真值表

真值表是表示逻辑门电路输出端状态和输入端状态逻辑对应关系的表格,见表 6-7。

与 门 真 值 表　　　　　　　　　　　　　　表 6-7

输　　入		输　　出
A	B	L
0	0	0
0	1	0
1	0	0
1	1	1

6. 与门电路的逻辑功能

与逻辑(逻辑乘)的运算规则为"有 0 出 0,全 1 出 1":

$$0 \cdot 0 = 0 \qquad 0 \cdot 1 = 0 \qquad 1 \cdot 0 = 0 \qquad 1 \cdot 1 = 1 \qquad (6\text{-}9)$$

(二)或逻辑关系及或门

1. 或逻辑关系

或逻辑关系实验电路,如图 6-4 所示。两个开关 S_1、S_2 中只要有一个闭合,HL 都亮。

在决定事物结果的许多条件中只要有任何一个满足,结果就会发生。这种因果关系叫或逻辑,又叫逻辑加。

2. 或门

（1）或门指实现或逻辑功能的电路，二极管或门电路如图6-5所示。

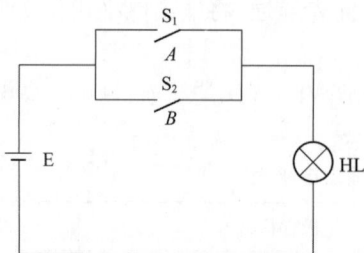

图6-4　或门实验电路　　　　图6-5　二极管或门电路

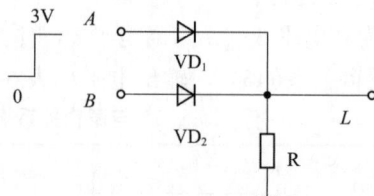

（2）工作原理：设输入低电平为0，高电平为3V。

① 当 A 为低电平，B 为低电平时，二极管 VD_1、VD_2 均截止，输出为低电平0；

② 当 A 为低电平，B 为高电平时，二极管 VD_1 截止，VD_2 导通，将输出电平钳位在高电平3V，输出为高电平3V；

③ 当 A 为高电平，B 为低电平时，二极管 VD_1 导通，VD_2 截止，将输出电平钳位在高电平3V，输出为高电平3V；

④ 当 A 为高电平3V，B 为高电平3V时，二极管 VD_1、VD_2 均导通，输出为高电平3V。

（3）或逻辑关系的输入、输出电平，见表6-8。

或逻辑关系的输入、输出电平　　　　　　　　　表6-8

输　　　入		二极管状态		输　　　出
V_A	V_B	VD_1	VD_2	V_L
0	0	截止	截止	0
0	3V	截止	导通	3V
3V	0	导通	截止	3V
3V	3V	导通	导通	3V

3. 或逻辑函数表达式

$$L = A + B \tag{6-10}$$

4. 或门逻辑符号

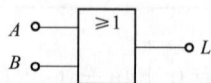

5. 真值表

或门真值表，见表6-9。

或 门 真 值 表　　　　　　　　　表6-9

输　　　入		输　　　出
A	B	L
0	0	0

输　　入		输　　出
A	B	L
0	1	1
1	0	1
1	1	1

6. 或门电路的逻辑功能

或逻辑(逻辑加)的运算规则为"有 1 出 1,全 0 出 0":

$$0+0=0 \qquad 0+1=1 \qquad 1+0=1 \qquad 1+1=1 \qquad (6\text{-}11)$$

(三)非逻辑关系及非门

1. 非逻辑关系(图 6-6)

开关 A 断开,HL 就亮;开关 A 闭合,HL 就熄灭。

只要条件具备了,结果便不会发生;而条件不具备时,结果一定发生。这种逻辑关系叫作非逻辑,也称逻辑反或反相器。

2. 非门

(1)非门指实现非逻辑功能的电路,三极管非门电路,如图 6-7 所示。

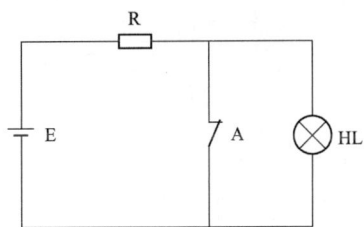

图 6-6　非门实验电路　　　　图 6-7　三极管非门电路

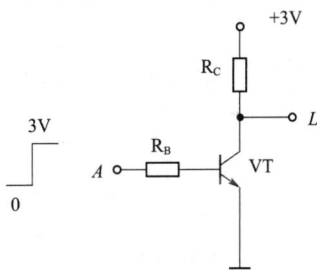

(2)工作原理。

①当输入 A 为低电平 0 时,三极管截止,L 输出为高电平 3V;

②当输入 A 为高电平 3V 时,三极管饱和导通,L 输出为低电平 0。

(3)非逻辑关系的输入、输出电压,见表 6-10。

非逻辑关系的输入、输出电压表　　　表 6-10

输　　入	输　　出	输　　入	输　　出
V_A	V_L	V_A	V_L
3V	0	0	3V

3. 非逻辑函数表达式

$$L = \bar{A} \qquad (6\text{-}12)$$

4. 非门逻辑符号

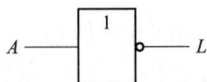

5. 真值表

非门真值表, 见表6-11。

非 门 真 值 表 表6-11

输 入	输 出	输 入	输 出
A	$*L$	A	L
1	0	0	1

6. 逻辑功能

逻辑功能为"有1出0, 有0出1"。非逻辑(逻辑反)的运算规则为:

$$\overline{0} = 1 \qquad \overline{1} = 0 \tag{6-13}$$

二、复合逻辑门

将与门、或门、非门组合起来, 可以构成多种复合门电路。

1. 与非门

(1)与非门逻辑结构和逻辑符号, 如图6-8所示。

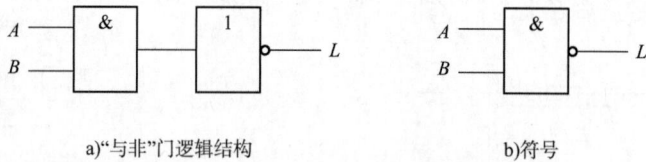

a)"与非"门逻辑结构   b)符号

图6-8   与非门逻辑结构和逻辑符号

将一个与门和一个非门连接起来, 就构成了一个与非门。

(2)其逻辑函数式:

$$L = \overline{A \cdot B} \tag{6-14}$$

(3)与非门真值表, 见表6-12。

与非门真值表 表6-12

A	B	AB	$L = \overline{A \cdot B}$
0	0	0	1
0	1	0	1
1	0	0	1
1	1	1	0

(4)与非门逻辑功能为: "全1出0, 有0出1"。

2. 或非门

(1)或非门逻辑结构和逻辑符号, 如图6-9所示。

在或门后面接一个非门, 就构成或非门。

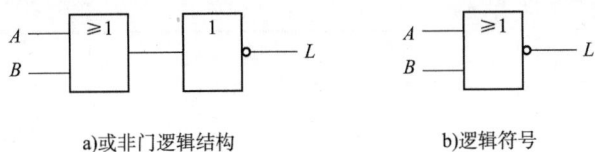

a)或非门逻辑结构   b)逻辑符号

图6-9 或非门逻辑结构和逻辑符号

（2）其逻辑函数式：

$$L = \overline{A + B} \tag{6-15}$$

（3）或非门真值表，见表6-13。

或非门真值表   表6-13

A	B	$A + B$	$L = \overline{A + B}$
0	0	0	1
0	1	1	0
1	0	1	0
1	1	1	0

（4）"或非"门的逻辑功能为"全0出1，有1出0"。

3. 与或非门

（1）与或非门由两个或多个"与"门和一个"或"门，再加一个"非"门串联而成。

（2）与或非门逻辑结构图和逻辑符号，如图6-10所示。

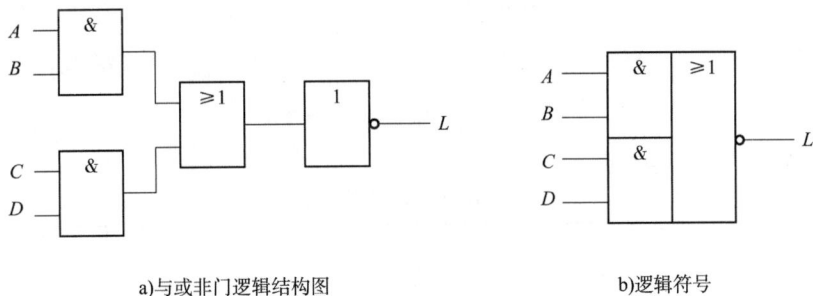

a)与或非门逻辑结构图   b)逻辑符号

图6-10 与或非门逻辑结构图和逻辑符号

（3）逻辑函数表达式：

$$L = \overline{AB + CD} \tag{6-16}$$

（4）与或非门真值表，见表6-14。

与或非门真值表   表6-14

A	B	C	D	L	A	B	C	D	L
0	0	0	0	1	1	0	0	0	1
0	0	0	1	1	1	0	0	1	1
0	0	1	0	1	1	0	1	0	1

A	B	C	D	L	A	B	C	D	L
0	0	1	1	0	1	0	1	1	0
0	1	0	0	1	1	1	0	0	1
0	1	0	1	1	1	1	0	1	1
0	1	1	0	1	1	1	1	0	1
0	1	1	1	0	1	1	1	1	0

（5）逻辑功能：当输入端任何一组全为 1 时，输出即为 0，只有各组至少有一个为 0 时，输出才是 1。

4. 异或门

（1）异或门逻辑结构图和逻辑符号，如图 6-11 所示。

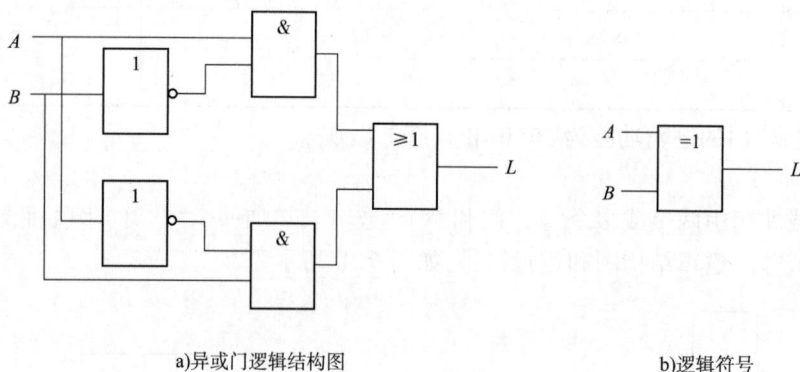

a)异或门逻辑结构图　　　　　　　　　b)逻辑符号

图 6-11　异或门逻辑结构图和逻辑符号

（2）异或门真值表，见表 6-15。

异或门真值表　　　　　　　　　　表 6-15

A	B	L	A	B	L
0	0	0	1	0	1
0	1	1	1	1	0

（3）逻辑函数式：

$$L = \bar{A}B + A\bar{B} \text{ 或 } L = A \oplus B \tag{6-17}$$

（4）逻辑功能：当两个输入端一个为 0，另一个为 1 时，输出为 1；而两个输入端均为 0 或均为 1 时，输出为 0。即为"同出 0，异出 1"。

三、集成电路

把一个电子单元电路或某些功能、甚至某一整机的功能电路集中制作在一个晶片或瓷片上，然后封装在一个便于安装焊接的外壳中，这就是集成电路。集成电路也称"集成块"，常用英文字母"IC"表示。集成电路具有体积小、质量轻、可靠性高,以及成本低廉等一系列优点。

1. TTL 集成门电路

TTL 是"晶体管-晶体管逻辑电路"的简称。TTL 集成电路相继生产的产品有 74(标准),74S(肖特基),74H(高速)和 74LS(低功耗肖特基)四个系列,其中 LS 系列综合性能最优,应用最广泛。常见的集成电路是将几个门封装在同一芯片上,如 74LS00 为 4 个二输入端"与"门,74LS20 为 2 个四输入端"与非"门等,电源线及地线公用。

常用的"与非"门集成电路有 74LS00 和 74LS20,如图 6-12 所示。

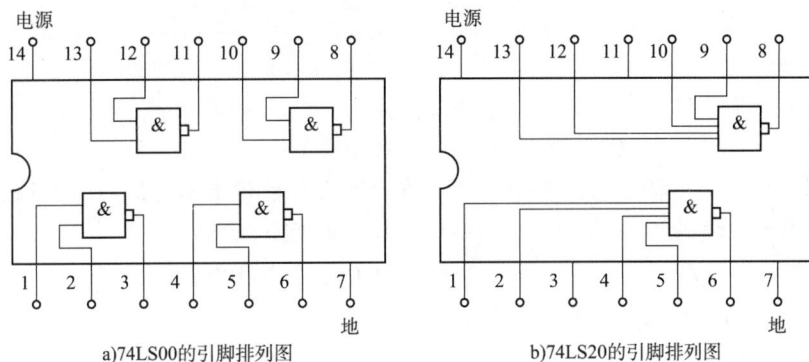

a)74LS00的引脚排列图　　　　　　b)74LS20的引脚排列图

图 6-12　"与非"门集成电路 74LS00 和 74LS20

2. 集成电路引脚排列识别

集成电路的引脚排列次序有一定的规律,一般是从外壳顶部向下看,从左下脚按逆时针方向读数,其中第一引脚附近一般有参考标志,如凹槽、色点等。

扁平型或双列直插型集成块引脚的识别方法是:将集成电路水平放置,引出脚向下,标志对着操作人身体一边,靠近身体右面的第一脚即为第一引线脚,便按逆时针方向依次编排引脚,如图 6-13 所示。

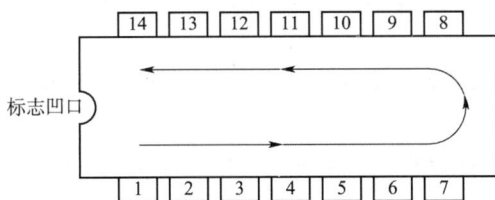

图 6-13　圆形管壳集成块编排引脚序号

📖 课后思考题

一、填空题

1. 电子技术中的信号可分为两大类:_____和_____。

2. 数字电路开关的状态有_____和_____两种,与此相对应 HL 的状态也有_____和_____两种。

3. 数字电路中通常用_____和_____来描述的电路的两种不同的工作状态。

4. _____是一种计数的方法,它是进位计数制的简称,也称为"计数制",是用一组固定的_____和统一的_____来表示数值的方法。

5. 十六进制的进位规则是_____、_____,通常用一个十六进制数表示4个二进制数。

6. 逻辑门电路:指具有多个_____和一个_____的开关电路。

7. 用四位二进制数表示一位十进制数的过程,称为_____,简称_____码。

8. 基本的逻辑电路有_____、_____、_____。

9. 任何一个数制都包含两个基本要素:_____和_____。

10. 数字电路主要是研究电路的_____与_____之间的状态关系,即所谓的_____。

二、选择题

1. 十进制数是采用十个基本数码:0、1、2、3、4、5、6、7、8、9;基数是(　　)

　A.2　　　　　　　B.4　　　　　　　C.10　　　　　　　D.6

2. 数字信号是指在取值上只有(　　)。在时间上和数值上不连续的(即离散的)信号。

　A.1、2两个状态　　　　　　　B.1、1两个状态

　C.0、2两个状态　　　　　　　D.0、1两个状态

3. "与非"门的逻辑功能为(　　)。

　A.全2出0,有0出1　　　　　　B.全1出0,有0出1

　C.全3出0,有1出1　　　　　　D.全1出0,有0出0

4. 或非门电路在"或"门后面接(　　)"非"门,就构成"或非"门。

　A.一个　　　　B.二个　　　　C.三个　　　　D.四个

5. 或非门电路其逻辑函数式是(　　)

　A.$Y=\overline{A+B}$　　　B.$Y=\overline{AB}+CD$　　　C.$Y=\overline{A}B+A\overline{B}$　　　D.$Y=A\oplus B$

三、判断题

1. 几种常用的计数体制:二进制(Binary)、十六进制(Hexadecimal)与八进制(Octal)。(　　)

2. 二进制数:二进制是以2为基数的计数制。数字电路中应用最广泛。(　　)

3. 八进制进位规则:逢十进一。(　　)

4. "逻辑"也叫逻辑关系:一般是指事物的前因和后果之间的关系,即条件与结果的关系。(　　)

5. 将一个与门和三个非门连接起来,就构成了一个"与非"门。(　　)

6. 与或非门电路是由三个或两个"与"门和两个"或"门,再加一个"非"门串联而成。(　　)

7. 与或非门电路的逻辑功能是当输入端任何一组全为1时,输出即为0,只有各组至少有一个为0时,输出才是1。(　　)

8. 数字信号是指在取值上只有0、1两个状态。(　　)

9. 在十进制数里,同一个数码在不同的位置上所表示的数值是相同的。(　　)

10. 十六进制的基数为16,用0~9,A,B,C,D,E,F共16个数码分别表示一个十六进制数。(　　)

四、简述题

1. 模拟电路是什么,数字电路是什么?

2. 数字电路的表示方法有几种?

3. 写出基本逻辑门电路的表达式和逻辑功能,画出逻辑符号。

4. 二进制数与十进制数的相互转换方法是什么?

5. 计数体制常用有哪几种?

五、计算题

1. $(111)_2 - (101)_2$

2. $(110)_2 + (101)_2$

3. $(11)_2 \times (101)_2$

4. $(1111)_2 \div (11)_2$

5. 将二进制数$(111)_2$转化为十进制数。

6. 将十进制$(28)_{10}$转化为二进制数。

参 考 文 献

[1] 段京华.汽车电工电子技术基础[M].北京:机械工业出版社,2012.

[2] 杨双喜.汽车电工电子基础[M].长沙:湖南大学出版社,2015.

[3] 陈开考.汽车电工电子技术基础[M].2 版.北京:机械工业出版社,2016.

[4] 文春帆.汽车电工电子技术与技能[M].5 版.北京:高等教育出版社,2016.

[5] 韦玉平.汽车电工电子[M].2 版.天津:天津科学技术出版社,2016.